高乃春 著

Implicit Motor Learning in Athletics

Applications from Basic Researches

运动技能的内隐学习

从理论到实践

ZHEJIANG UNIVERSITY PRESS
浙江大学出版社

图书在版编目(CIP)数据

运动技能的内隐学习：从理论到实践 / 高乃春著
. 一杭州：浙江大学出版社，2021.9
ISBN 978-7-308-21747-7

Ⅰ.①运… Ⅱ.①高… Ⅲ.①体育教学一教学研究
Ⅳ.①G807.01

中国版本图书馆 CIP 数据核字(2021)第 187942 号

运动技能的内隐学习：从理论到实践
高乃春　著

策划编辑　吴伟伟
责任编辑　宁　檬　马一萍
责任校对　陈逸行
封面设计　周　灵
出版发行　浙江大学出版社
（杭州市天目山路 148 号　邮政编码 310007）
（网址：http://www.zjupress.com）
排　　版　浙江时代出版服务有限公司
印　　刷　广东虎彩云印刷有限公司绍兴分公司
开　　本　710mm×1000mm　1/16
印　　张　10.75
字　　数　182 千
版 印 次　2021 年 9 月第 1 版　2021 年 9 月第 1 次印刷
书　　号　ISBN 978-7-308-21747-7
定　　价　48.00 元

浙江大学出版社市场运营中心联系方式：(0571)88925591；http://zjdxcbs@tmall.com

前　言

运动技能又被称为“动作技能”，是指人体运动中掌握和有效完成专业动作的能力。运动技能涵盖的范围较为广泛，一般来说，它是对人体动作的规范性和准确性的统称。在体育运动过程中，动作技能使人以外显性的方式完成专业化的动作，既保证动作的规范和完善，又满足对身体的各个器官驱动和优化的需求。运动技能不仅使身体各个部位之间进行联动，而且还使大脑皮质调解下的不同肌肉群相互协调，也就是在空间内正确运用肌肉工作的能力。如果按照反射条件学说判定，运动技能是一种复杂的、一个动作接连一个动作使肌肉有所感觉的运动条件反射。运动技能的形成需要经历肌肉感觉不明、分化、巩固持续和自觉的阶段，这几个阶段具有连贯性，目标明确，在运动条件反射形成的过程中形成让渡。运动技能的形成以学习方式、学习强度、学习目标和学习感知能力为导向。运动技能学习是通过学习形成规范的活动方式，调节、控制和感知动作执行，更接近经验认知，同时有别于心智技能，具备物质性、外显性与拓展性。运动技能分为初级技能和高级技能两种。初级运动技能有一定模仿性，但是带有明显的主观意识。高级技能则是通过反复锻炼使运动基本达到自动化。动作技能必须要通过提高对活动方式的认识与大量练习来掌握，当然学习机制的构建更关键。

运动技能学习分为三个阶段，分别是动作认知阶段、动作练习阶段和动作完善阶段。首先是动作认知阶段。动作技能学习的初期，练习者的感知神经处于泛化状态(generalization)：有效的目标控制没有建立起来，关注的范围较窄，知觉的辨识能力较弱，动作之间不协调，尤其是肌肉紧张与放松的状态不协同，动作惯性比较大，习惯性动作比较多。在整个锻炼的过程中，完成动作的空间和时间上都不能达到专业化和精准化的目标。诚然，练习初期,练习者能够通过肌肉和神经感知获得信息反馈,利用比较简单的线条完成下意识的动作,参与活动的意识强。但是,在这一阶段,练习者主要是通过视觉观察对示范动作进行模仿,对视觉获得的依赖性强。所以,动觉的感知性较差,对动作的控制力不强,并不能发现自身的缺点和错误动作。其次是动作练习阶段。运动练习者经过一定的锻炼,初步掌握了一定的基本动作,并逐渐将个别动作联系起来,在神经过程中形成了分化性抑制(differential inhibition),即只有条件刺激才能引起条件反射,而近似刺激具有抑制作用,不引起条件反射。近似刺激在相应皮质细胞形成的抑制过程中叫分化性抑制。运动技能尚未到精准性的阶段,动作之间的联系不够紧密,肌肉的紧张与放松配合不到位,多余的动作较多,会导致动作完成在空间和时间上都不准确。这一阶段的动作技能学习,动觉的感受性较差,对动作的控制不强,难以发现自身动作的缺点和错误。最后是动作完善阶段。在这个阶段,练习者的动作已在大脑中建立起稳定的形态,神经过程中的兴奋与抑制更加集中与精确,掌握的一系列动作已经形成了完整的有机系统,各个动作都能以连锁的形式表现出来,自动化程度扩大,意识只对个别动作起调节作用。此时,练习者的注意范围扩大,主要用于对环境变化信息的加工,注意动作本身;视觉控制(control by vision)作用减弱,动觉控制(control by kinestheia)作用加强,能及时发现和纠正错误的动作。

内隐学习是认知心理学中的重要概念,在不同的语境、环境中,它都表现为个体能够获得某种知识,学习的效果可以通过某种测试表现出来,但是意识层面却不能感知这种规则,不能外显性地将这种规则表现出来。最早的内隐学习研究从人工语法、序列规则和复杂系统的范式开始,被试在实验中可以内隐习得某些规则,不过并不能说出来,因为无法外显性表示。在间接的测试中,随机概率的习得性效应相对显著。人的思想是复杂的,不能通过外界事物表述,也无法通过其观人内心。人类一直崇尚自我,以"能够认识自己"标榜人类的优势,现代科学中,人类用实验和逻辑直接展示了人们走向心灵深处的努力,而内隐学习正是人类对自身内心探索的一种重要手段,同时也是开发人类意识的一个重要阶段。

运动技能学习必须要达到心智统一,行脑结合。内隐学习善于将肢体、肌肉、脑力和智力有机结合起来,在运动技能学习的过程中,终将发现一个崭新的、内隐的、无意识的世界。长久以来,人类习惯运动语境下的意识存在,默许和默认机能在行为意识方面起着主导性的作用。意识可及的过程总是便于内省，相比较之下，内隐总是有一定的神秘性，也许是因为人类更加依赖天性，自然地将人类的意识视为主宰。内隐学习的提出，雄辩地论证了无意识过程的重要地位——它甚至能获得复杂的规则，在意识过程失败的地方，无意识的内隐学习却成功了。就这样，探索的勇气和热情再次燃起，运动心理学进军无意识领域的号角由内隐学习吹响。

从内隐学习角度看，运动技能学习的实质性内容已经发生了变化。运动技能不单纯是动作的完善与自动化，心脑连接过程中运动技能受大脑的支配，运动技能学习由肌肉锻炼发展到复杂的动作学习，再到运动技能升级到心智统一。人类的运动内隐学习就是无意识获得刺激环境中复杂体育知识的过程。由于运动技能学习不是泛指的知识系统，更应当将学习过的知识转化为不曾学习过的知识，甚至在学习过程中意识不到已经学过的知识。内隐学习是不同于外显学习的另外一种模式，它的自动化和无意识生成能够协调运动中各个变量之间的微妙关系。内隐学习主张无意识状态，并可以影响练习者的行为。我国学者杨治良教授 1991 年曾经指出，内隐学习具有三个特征。一是内隐知识能自动化产生，无意识发现人为操作的外显规则；二是内隐学习具有概括性，它同样可以概括运动以外的符号集合；三是内隐学习具有无意识性，内隐获得的知识不能用语言陈述。国内更多的研究注重理论层面的完善与实践层面的融合，但是真正意义上的理论和实践融合还应当认识到运动技能学习的延伸和拓展。

运动技能内隐学习的重点在于在学习过程中，如何驱动练习者对运动技能进行内隐学习。随着这一领域的研究不断深入，运动技能内隐学习逐渐形成了多种范式。本书则是立足运动技能内隐学习的现实基础开展研究，系统地围绕运动技能学习的二元及以上结构、运动技能内隐学习的再投入、运动技能内隐学习结构的重构、工作记忆与自动化生成、内隐学习的记忆以及决策的关系等多个方面进行探索。从理论到实践的探索也对运动技能内隐学习的范式架构提出了全新的思考，本书最后从人体肌肉、肢体、脑力和心智方面对运动技能内隐学习进行了系统修正。

目 录

1　运动技能学习的二元结构

1.1　基于理论层面的运动技能和学习

1.1.1　关于运动技能的脚本安排

运动技能学习具有一定模式，特别是在体育教学中，多个阶段相互联系，相互完善和补充。从教育机制面观察，运动技能学习存在一定的“角色安排”，也可以理解为个体在特定的“脚本”下进行运动技能学习。

首先，运动技能学习的主体是练习者。个体的练习能力、身体差异、肌肉条件和肢体的感知行为在技能的学习、熟练和掌握中，会受到运动学习模式的制度安排。从运动本身的结构分析，运动技能学习对个体的身体素质、练习习惯、动作偏好以及肢体的感知都会呈现出一种始终遵循的范式和框架。这也就不难理解在体育教学中，体育教学大纲的作用。虽然脚本安排不能满足多个个体的身体需要，但是它一定是最适合练习和教学的。特别是对于练习者在初级阶段的各种表现，具体的评价方式由外显性的方式来决定。其次，运动技能学习将每个参与个体的肢体敏感性、肌肉灵活程度、感知行为的知觉宽窄和对动作完成的熟练程度统合起来，形成练习者的优势。这种类似于拍电影的脚本安排，尽管能够满足运动技能短时间内的学习需求，并可以形成稳定的工作记忆，但是这种短暂记忆不足以成为支撑运动技能学习所需的长期记忆。相比较工作记忆和长期记忆，脑力、智力和心理的活动过程都会更为丰富，尤其是练习者在体育教学的初级阶段，在动作任务完成方面，具备一定的活动特征以及掌握了一定的规范性操作，但是长期不练习或者身体机能受到损害时，短暂的工作记忆并不能将运动技能的完成视为一个自动化的过程。当然，人的身体机能受到损害时，任何动作的完成都要受到身体惯性影响而产生一定偏差，和长期记忆的规范要求存在差异，这只能是脚本安排下的过程记忆，而不能对动作完成和动作的规范形成指导。最后，运动技能学习需要一个长时间的增强效应，这一点恰恰是脚本安排下的运动学习方式所不具有的。如何实现长期的增强效应，一方面是靠脑力，通过脑回路对动作要领进行还原，以脑机制的动作陈述方式将动作的完成升华为自动化的动作。另一方面靠心智。人在形成运动技能的同时，不仅要实现四肢的平衡，更要实现脑力的平衡，最重要的是要实现心理活动过程的平衡。显然，短时间的记忆、突显性的动作规范、个体的差异以及对动作的全面掌握都不足以对运动者的心理产生影响，所以，运动技能学习的脚本安排对提升练习者心智能力的效果并不显著。运动技能学习的脚本安排在某种程度上是对体育教学大纲的重复，尤其是运动技能学习在心理学层面的发现和主张不需要脚本安排，因为人的差异、四肢运动能力的差异、个体理解能力的差异以及脑机制的差异都无法通过外显性的学习方式体现运动技能学习的深刻内涵。

体育教学中，学生根据教师的示范动作直接进行模仿练习，学生在进行动作技能的反复练习中，只不过是简单模仿教师的动作技巧和习得性的动作要领，脚本安排下的动作技能学习并不能使学生了解更多的规则。其实在篮球、足球的训练中，学生很少能够在体育课上接受技能指导，他们更多的是依赖实践体会动作和技能，并加以改正和运用。因此，这种脚本安排下的模式体现出了“体验—领悟—积累—运用”的简单方法。完全来自体验的脚本对学生的技能和肢体平衡能力并未产生很强烈的增益性，特别是在运动技能学习实践中，通过模仿和反复练习，不具有较强的创新能力，更不具有明确的目标管理机制。所以，运动技能学习在脚本安排下对人的肢体、运动方式、脑力和智力等不具有创新引领的作用。

运动技能学习的脚本安排其实有它自身的优势。一方面，运动练习者在特定的环境下，依赖教学大纲或者教练提供的框架，完成运动技能学习，从时间、质量到对运动技能的理解程度和掌握程度上都能达到一定的标准。尽管不能满足自动化的要求，但是运动技能学习的完成凸显了脚本的功能与优势。另一方面，运动学习者在运动技能学习框架内，可以通过外显性学习对突显性的运动本质产生一定的联想，在很大程度上，这种学习模式对运动练习者的思维和肢体惯性都能进行较好的控制。此外，运动技能学习在脚本安排下从优势回归到生态化，加快了思维变革方式，也巩固了学习过程。

关于运动技能学习的脚本安排，可以理解为运动技能学习的传统范式是建立在纲要性学习和应试教育基础上的脚本安排，这无疑是最快捷和便利的方式。脚本安排下的运动技能学习在学习结构中的传统优势是不可比拟的，由于脚本安排贯穿整个体育教学，脚本的功能被无限放大，这就与传统的师徒学习制形成了较强黏性。不能否认脚本安排有自身的价值链条，但必须要正视，运动技能学习中脚本的合理性替代内隐学习的方式，这就造成了二元及以上的学习结构。恰恰这也是脚本安排下学习技能与内隐学习的相互补充，也可视为运动技能内隐学习的基础。脚本安排下的运动技能学习与内隐学习并不冲突，相互交织、相互补充，构成了全新视角的运动技能学习模式，因此，脚本安排也能理解为具有实用性和适当性的运动技能学习方式。

1.1.2 运动技能内隐学习的突显性优势

突显性一般运用于智力开发过程中，在运动技能学习中，突显性由隐喻性和转喻性共同构成。长期的运动技能学习中，在运动项目学习要求的安排下，运动技能学习是一种载体，在后天学习条件下，通过不断练习逐步完善。传统的运动技能学习过程为：练习—矫正错误—再练习—再矫正错误，直至正确无误。这个过程是运动技能形成的关键因素，突显性则是对行为结果的感知，以突显性为有效条件，肌肉运动刺激所提供的信息对大脑结构形成一定的信息传导。内隐学习则强调感知神经对肌肉的回应，因此，运动技能学习在某种程度上是全脑学习和神经全要素学习。

运动技能内隐学习的突显性连接肢体、肌肉、脑回路、心智、额叶以及颞叶。从神经科学观察，内隐学习通过感知的方式，将运动技能以长期记忆的形式贯穿运动练习。一方面，对练习者本身的记忆具有一定的巩固作用，促使练习者在运动技能学习中，将运动的方法、技巧和运动的需求融合到标准化的动作操作中。另一方面，在运动技能内隐学习中，大脑发挥的作用已经远远超越了肢体本身，特别是突显性的感知神经在运动技能学习过程中，将运动技巧以工作记忆的方式转换成长期记忆，促进脑神经对运动技巧的快速转化,使脑回路在记忆方面加快运行频率,从而满足动作自动化的需求。

如果简单地认为内隐学习是对体育练习者身体能力的矫正,不同专业的体育运动从业者身体机能的差异化则决定了内隐学习方式对感知行为和脑神经的驱动程度。后天习得的运动技巧和脚本安排下的动作熟练程度并不能作为评价内隐学习优势的标准,反而会增加内隐学习突显性的影响力。可以将内隐学习理解成突显性感知行为对运动技能的完善,同时,要有效处理肢体、肌肉、脑神经和运动心理等要素产生的信息,最终将运动过程中的各种信息汇总,形成有利于突显性运动技能扩展的空间。突显性优势在于合理地将运动技能以心理感知、肢体感应、脑力反馈、行为规范等方式,体现在运动技能学习中,其具有持续性特征。首先,心理感知作用对肢体感应的支配作用较为显著,突显性不断产生的刺激对运动练习者的心理活动产生潜在影响,心理认知与心理活动的过程表现为以突显性为导向的运动技能对工作记忆产生依赖,也是长期记忆与工作记忆的对接。因此心理感知和肢体感应既保持了工作状态下的动作技巧,还以突显性的方式对运动技能学习的其他过程进行了指导。其次,肢体感应的突显性通过左右半脑的结合,在思维较为跳跃的意识活动中,以肢体的直观突显性刺激左半脑和额叶在系统内寻求运动技能学习的补充内容。这种补充模式具有一定的内隐性,同时也具备了运动技能在学习的过程中需要的创造性思维。因而,这种创造性思维经过左右半脑交互,突出了突显性的学习优势,促进学习优势以更为直观的方式表现对心理感知的依赖。再次,脑力会反馈到行为规范。动作技能学习是脑力的活动过程,也是脑力进行创造的唯一路径。脑力反馈的突显性比外显性的学习方式更具有主动性,大脑接收到的任何信息,都必须要通过肢体、心理活动形成相互依赖的感知和感应。最终所有感知和感应的结果是形成动作,以不同的记忆方式对运动技能进行补充,运动技能的规范和标准化最终以内隐方式实现了学习的总体目标。观察整个突显性优势的连贯性不难发现:颞叶的作用似乎微乎其微。这样的结论显然是错误的,颞叶在人脑中的作用是辅助右半脑进行决策,同时对肢体的简单认知进行画像,颞叶的画像功能要依靠额叶提供给左半脑的最基础的信息。颞叶在左右半脑结合中,任务非常简单,就是有效地传达信息。所以,内隐性学习的突显性才是影响右半脑做出决策的主要因素。在这样的情况下,会发现颞叶的作用非常简单。可是,运动技能学习以及应用的实现路径需要右脑进行加工,然后通过左半脑指挥肢体表现出来,这时候颞叶的作用就不是一个“传令兵”那么简单了。颞叶在运动技能的外显性中，将突显性以更为密集的方式传导到运动技能学习的各个节点，所以，内隐学习的关注重点还是应当置于脑力的反馈和发散层面。

运动内隐学习的突显性优势更像一个具有灵魂的价值链（见图 1-1）。

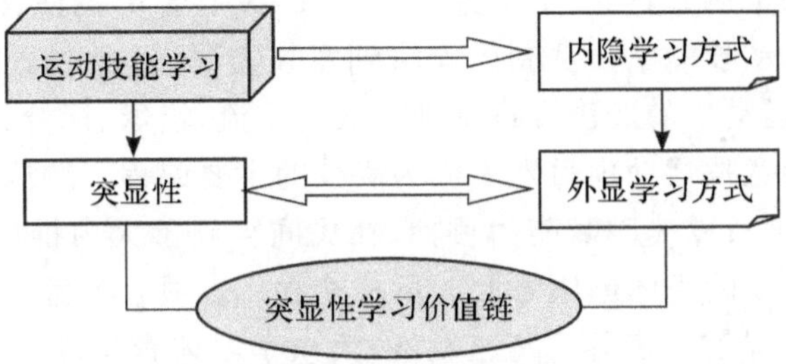

图 1-1 运动技能内隐学习突显性优势模型

观察图 1-1，也许会发现一个有趣的现象。第一，运动技能学习尽管主张以内隐学习为主，但是并不能脱离外显性的学习方式的支持，两者好比“难兄难弟”，虽然各司其职，但是最终目标具有较强的一致性。在突显性学习优势的价值链中，两者并不能做到互不来往，反而更像是“邻居”，它们对突显性的记忆保持了抑制，对突显性刺激产生的作用也是相同的。更甚，在学习的过程中，外显学习和内隐学习实现了价值共振，也实现了基于学习方式的有效融合。第二，运动技能学习的学习语境有差异，内隐学习和脚本安排下的外显学习的目标受众是一样的，甚至它们在运动流程中的编码、排序、角色定位都是一样的，在价值链的影响下，运动技能学习的共享性特征就毋庸置疑了。

1.1.3 运动技能学习过程回顾

运动技能的学习目标是要顺利完成某种运动任务，按照技能本身的性质和特点，运动技能学习分为动作技能学习和心智技能学习两种。运动技能本质是人的随意运动，通过后天练习获得，生理机制是运动条件反射形成暂时性神经联系，以大脑皮质为运动机制，掌握与学习运动技能的过程就是建立条件反射的过程。

围绕运动技能学习，当前国内外的研究从身体素质、学习动机、目标建立、环境因素、个体特点、年龄性别、动作方法、奖励惩处、动作迁徙、评价手段等10个方面进行了研究。

身体素质。全民运动和后奥运时代下大众身体素质提升,对体育运动的依赖在近年来较为显著,特别是在全民健身运动席卷下,运动成为大众身体素质提升的基础,无论运动技能目标如何定位,身体需求和健康需求影响的身体性运动机制在国内得到蔓延和发展,掀起学习的热潮。**学习动机**。院校的体育运动技能学习从制度安排到竞技需要,以建立适当的学习目标为动机,体育运动中的经济类运动项目成为主流,铅球、标枪、跳高、垒球、网球等专业性的竞技运动项目发展成为高校的主要课程。游泳、田径、骑自行车、乒乓球等项目以休闲赋能为目标,在民间得到了大力推广,其学习动机依旧围绕在民众的身体健康方面。**目标建立**。多项分类目标构建制度在大众体育的发展背景下获得了高速发展,大众学习体育运动技能的热潮以休闲取代了健康需求,在健康需求支撑下的民间体育运动不仅获得了长足发展,并且目标的多样性也使其成为后奥运时代体育的重要组成部分。具体到大专院校,运动技能学习目标则是建立在满足就业和竞技体育的需求层面,学习过程相对完善,而且从身体素质和智力开发方面,大专院校都有针对性地制定了学习的差异化目标。**环境因素**。环境因素在运动技能学习中具有潜在作用,尤其是近年来竞技体育多元化发展,不同形式的竞技体育在动作技巧、动作规范和运动理念的涵盖下逐渐生成了受体育环境影响的运动技能学习内容,为运动技能练习者提供了跨行业、跨文化、跨专业的发展基础。受到环境效益驱动,运动技能学习在全民健身和后奥运时代,已经发展成驱动体育运动技能学习的核心力量。**个体特点**。任何个体在运动技能学习的过程中,表现都不一样,心理活动的差异决定了脑力对身体的支配存在差异,尤其是对复杂动作的模仿,个体的体质、肌肉、心理感应、脑力、动作理解能力等决定了练习者在运动过程中存在差异,由于这种差异对个体的影响作用较为明显,因此,运动技能学习的脚本安排在很大程度上还是符合个体规律和特征的。**年龄、性别**。年龄、性别是运动技能学习的重中之重,不同年龄和性别的个体,对不同的运动技能的掌握和熟练程度不一样,比如瑜伽较适合女性,而女性对高强度的运动技能学习的掌握程度则会较差一些,如拳击和足球运动等。围绕年龄和性别,体育运动技能学习的结构性安排会随着环境变迁、运动迁徙、体能支撑等要素而改善,从而减少年龄和性别对运动技能学习的制约。**动作方法**。动作方法在运动技能学习中所占的比重空前大,外显学习主要以动作方法的传授和掌握为标准,内隐学习则建立在心理活动过程和脑力的开发程度上，将动作以突显性的优势传输到执行的终端——肢体。不同学习方式的动作方法存在区别，严格按照教学大纲开展的动作学习是建立在动作不断完善的基础上，并没有多少创新的成分。内隐学习则以练习者对动作的领悟、心理感应和行为感知的有效融合为基础，以动作规范为起码的要求，在不断的练习中，通过不同阶段的相互联系，达到动作自动化的要求。上述的学习因素来源于练习者自身的身体特征和规律演变，属于内部因素。当然，运动技能学习的形成会受到外部条件影响，分别是奖励惩处、动作迁徙和评价手段等。

外部条件下的影响因素对运动技能学习的过程管理和目标实现，并不是完全必要的，但是有很强的关联性。**奖励惩处**。在运动技能学习中建立奖励惩处机制，是为了规范运动技能学习环境，从制度建设和发展前景方面带动体育运动技能学习正向激励机制的建设。从制度方面对运动技能学习进行规范化建设，以惩戒为中心的运动技能学习模式在很大程度上，贴合了运动技能学习的负向激励。**动作迁徙**。这一外部条件的显著作用在于将学习内容和学习方式由外显性转向内隐性，动作迁徙本身就是在动作的操作方面，对运动练习者进行身体条件改善和心理条件改善。由于动作迁徙的外部形态特征显著，所以，动作迁徙学习保持在外显学习的模式上，实现了运动技能学习的内化。不过，动作迁徙的一个关键指标在于，结构脑对动作迁徙的无偿支持，特化训练和脑科学开发构成了运动技能内隐学习的必要条件。一方面，在结构脑影响下，左右半脑的分工形成了左半脑负责动作，右半脑负责思考的固定模式。动作迁徙的完成则是左半脑独立完成，被视为动作迁徙的外显性学习内容。其实，内隐学习中，动作迁徙是由左半脑提供信息，右半脑来负责完成动作改进的过程。另一方面，结构脑的系统内，体育脑和思维脑，甚至包括身体脑都对动作迁徙具有一定的吸纳能力，更关键的是右半脑对动作的改善和学习，需要左半脑和各个结构脑共同完成，这样才能促使内隐学习中的动作迁徙质量更高。**评价手段**。多元化的评价手段是当前运动技能学习的保障，能促进运动技能学习结构的完善。评价方式和评价内容对运动技能学习的影响以制度变化、机制创新、学习能力培养和学习方式的厘清为主要目标。在不断深化的运动技能内隐学习中，评价方式是无形的，但并非没有依据，依靠内隐性的感知行为和动作的自动化程度，梳理结构脑对肢体的影响，能促使评价方式具有更丰富的内涵。

1.1.4　二元及以上结构差异化认知

运动技能学习方式存在二元及以上的结构,观察其中差异不难发现:运动技能学习方式的外显性活跃在大量的动作学习中,内隐学习则是从体育运动练习者的脑结构、个体脑和心智对运动的支配能力等方面实现综合考察。二元结构既表现为认知的差异化,也存在多元结构的特征。

首先,二元及以上结构的形成。假设运动技能学习有第三种方法,那么必然是外显学习和内隐学习结合的产物,二元及以上结构的形成以传统的运动技能学习为基础,拓宽了运动技能学习的视野,并以其独特的方式围绕运动学习的内容进行结构性创新和功能性创新。正常的运动技能学习依赖外显学习对动作锻炼形成预案,较为有针对性地开展阶段性练习。依照教学大纲的三个阶段,外显学习在动作掌握和运动频率方面能够增强学习的质量。由于外显学习的一元化机制明显过度,一元化目标下的运动技能学习讲究动作的操作性和稳定性,特别是运动机理对外显学习的依赖性很强,动作模仿能力不强的个体对教学大纲的依赖性也由此产生。一元结构下的外显学习受到个体差异影响,需要通过二元结构,或者二元以上结构的学习方式对个体的能力进行补充。补充内容包括:运动过程中的感知能力、运动中的动作熟练程度和专业化、运动环境影响下的心理稳定程度以及运动过程中对内隐性要素的综合管理等。所以,二元及以上结构对个体能力参差不齐的运动练习者来说,既是补充,更是一种监管。二元及以上结构的形成以运动技能影响为导向,不断改进运动对肢体、脑神经、心理活动和脑力的影响,实现脑神经参与运动的目标。

其次,二元结构的拓展性。伟大的足球教练员,前国家队主教练米卢曾经说:踢球要用大脑。运动技能学习以平行的两条主线开展,肢体、肌肉作为最常见也是最普通的方式,能够增强对运动技能的控制,减少动作误差,最终达到动作的自动化。另外一条线则是在运动技能的学习过程中,要对动作完成赋予技术支持,不仅要通过技术驱动动作完成实现标准化,更要通过技术在运动过程中的语境拓展,为脑神经输送一种信息,这种信息不单单是动作完成的信号那么简单。类似于下围棋,要提前考虑到后续的发展。在足球运动中,发球就要考虑球的落点,要规避对手的阻拦,还要对对方的球门和后卫队员形成影响。当然直接射门就不在信号的干预范围内。如果不能一脚射门,就要通过脑神经对肢体进行支配和补充。短时间内需要运动员对球场的形势进行判断，还要组织队友开展进攻。显然这样一个过程既是肢体运动充分发挥作用的过程，也是脑力运动系统化统筹的过程。二元及以上结构从脑力拓展到心理，再到心智，减少了运动的误差，并以运动的最高效率组合中的有效资源完成动作。更为关键的一点是，动作技能学习的拓展，要建立完整的学习目标，通过目标导向，对运动练习者的学习过程实施管理。在心理活动过程中，右半脑进行思维性创造，左半脑指挥肢体完成动作，这种拓展性本身就是运动心理学和运动竞技的差异，只有做到差异化认知下的系统学习和锻炼，才能促进学习过程和结果达到帕累托最优。

最后，二元及以上结构到多元结构延伸。脑身心一体的运动技能内隐学习拓宽了运动技能学习的空间。二元及以上结构的学习方式更科学、更微观、更具体，针对运动技能的表现，为运动技能的形成以及运动技能在学习实践中的巩固，提供了更有效的方法。假设运动技能内隐学习的差异化认知建立在多结构的平面上，一方面，要保障二元及以上结构的顺畅性，从动作操作到动作完成，从动作完成到科学评价，从价值链条到运动技能学习的链式管理，都以运动技能内隐学习为中心，加强中心化管理的同时，运动技能内隐学习实现了二元及以上结构的跨度目标。另一方面，多元结构驱动的对象也是多元的，广义范畴的内隐学习包含了音乐、美术、体育、生物和化学等学科。多元结构影响下的内隐学习较传统的外显学习具有优势，主要是能考虑到学习者的个体情况、脑力情况、智力情况以及各个要素之间的相互协调能力。多元结构下的内隐学习建立了多个结构脑，与脑科学不同的是运动技能学习需要以体育脑和运动脑为主要的驱动工具。在学习的过程中，多脑结构对应多元结构，形成的学习能力和学习习惯能够较快地适应各个单元的学习内容和脑力的有机结合。

多结构学习方式和多脑结构构成了运动技能内隐学习图谱（见图1-2）。

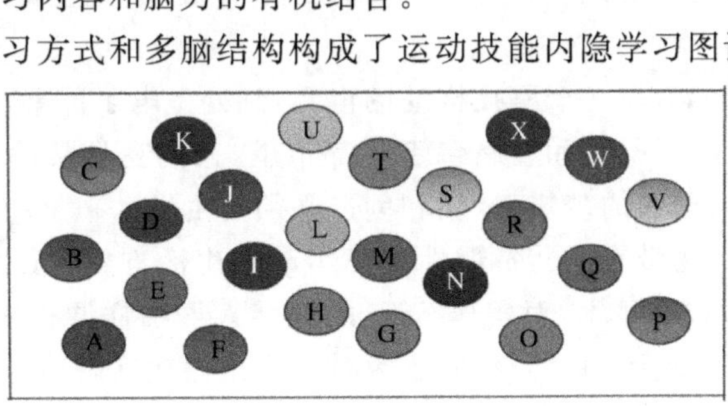

图 1-2 运动技能内隐学习排序图谱

图 1-2 中,E、F、M、R、T 散点代表着运动技能内隐学习中的阻碍节点,以内隐学习方式的排序方式,三个以上的二节点表示多脑结构排序,单个或者两个节点表示个体脑在学习中的运行方式,E、F、M、R、T 散点在图 1-2 中的数量占比为 27.27%。这说明在学习图谱中,内隐性学习创造的多结构学习方式适应多脑结构在学习实践中的对应节点,并以各种运动假设,形成运动技能的改进空间。多结构下的多脑学习方式,其内隐属性明确,可以与学习结构中的多个节点融合,运动技能内隐学习的阻碍因素尽管占有一定比率,但是并不能形成威胁和造成负面影响。所以,多结构学习背景下的运动技能内隐学习,与脑力、心理活动过程以及动作学习的完善存在一致性,能够产生最优化融合。

综上所述,三种学习方式存在差异化的认知,但是在内隐学习机制下,运动技能内隐学习可以实现均衡发展,从而达到运动技能学习创新的目标。

1.2 运动技能可塑性生成

1.2.1 运动联结身心和脑

运动能让人们健康,这是一个众所周知的道理,如果仅仅认为运动释放了压力、减轻了肌肉张力,或者增加了内啡肽,这样的理解就有一定局限性,也是片面的。确切地说,运动时,人血脉贲张,心情舒畅的真正原因是大脑处于最佳状态。事实证明:运动不仅对身体有益,而且还能强健大脑和改善大脑。

如今我们生活在一个科技推动的世界,到处是电子屏幕,很容易让人产生一种惰性。电子科技和金属包裹的都市里,人们在日常计划中已经忽略了运动,但是实现人的梦想、计划和创造必须要由运动来驱动。思考是运动的一部分,而食物带来的奖赏惯性使不运动的生活方式开始如梦魇一样缠绕着人类。据数据显示,对美国 65%的肥胖人群抽样调查中,73%的人没有系统进行过有氧运动。当我们还暂时无法预知缺乏运动带给人类的噩梦时,令人不安的事情终于出现了,缺乏运动导致人类的大脑正在发生实质性萎缩。运动技能学习的相关文献表明:运动不仅仅是一种单纯的体育方式,更是人们社交、获得尊严、尝试创新的开始。显然在运动技能学习的外显学习阶段，人类对运动技能的理解来自校园里的体育课、奥运赛场上神采飞扬的选手、对休闲体育的心驰神往。机械地理解运动技能，就把人的思想、文化和运动本身割裂开来了，本书则想把它们重新架构在一起。对于身心联结的问题，神经学科早在 1984 年就有了更新的进展。哈佛大学的论文《身体与精神病学》就精彩地论述了身体、大脑和精神之间的生物学关系。

上面提到了运动与大脑、神经以及身体之间的关系。为了保证观点的合理性，我们接下来强化一下这个观念，即运动对人的认知能力和心理健康有深远的影响。美国伊利诺伊州的内珀维尔市是一个名不见经传的小城市，之所以在这里要重点提到这个城市，是因为该市所辖的全部中小学都设置了专业的体育课，在美国那样一个肥胖人口超比例的国家，该市 1.9 万名小学生中，体重超标的仅有 3%，相对于美国小学生 30%体重超标的数据而言，足见其弥足珍贵。1999 年，来自全球的 2.3 万名小学生参加了国际数学和科学研究趋势项目的标准化测试，该市学生在数学测试中获得第六名，科学测试中获得了第一名。究其原因很快就会发现，长期的专项体育运动和有氧运动，能够促进小学生的心理、脑力开发。形成系统的、稳定的思维方式时，运动从简单联结脑身心，到逐渐将其赋能于人的日常行为和学习思考中。我们继续回到运动对脑身心的影响，运动和身体的联结是最浅显的，也是可观的，因为运动的最初目标就是保持强健的体魄，保持身形，抗御疾病图谱的负面影响。运动能够协调身体的均衡能力，并能够满足身体中一些要素的新陈代谢条件。运动和心理的联结存在内隐性。学习时，一系列脑部运动的相关因素全部被调动起来，如果没有前额叶皮质的监督，海马体不会积极参与，前额叶皮质既要组织心理活动，还要组织生理活动，接收并向大脑神经网络传送指令，其活动规律具有隐蔽性的。它依靠的是感知行为和感应的吸纳能力，最精彩的不是前额叶皮质在完成了指令传输以后就可以漫山遍野跑着唱《信天游》了，而是要像一个忠于职守的传令兵一样，还要将右半脑输出的信息指令传送到左半脑，是不是觉得这个角色和足球场上的传球手一样呢？如果你认为前额叶皮质在整个运动过程中，仅仅像一个头脑简单的传令兵一样就大错特错了，它有效地将右半脑和左半脑的综合考虑结果，以心理智力的方式启动了人体的思考、组织、判断和决策。脑神经是一切的中枢，脑机制受到运动支配是最为显著的。一般而言，脑神经负责运动全局，运动的念头由身体的需求提出，以其突显性介入身体组织，身体脑对运动机制的需求做出响应,并以左半脑的突显性向前额叶皮质传输指令,前额叶皮质及时向颞叶做出反馈,右半脑收到信息指令后,迅速协调脑机制对运动的请求做出判断,并决策。继而通过颞叶传送指令到额叶,再到左半脑执行。看似这样一个简单的过程,其实内隐机制在整个过程中都起了作用。随着身体的运动需求提出,脑机制通过身体脑、体育脑和其他多结构脑开展协调工作,并及时进行预测、排序、评估、计划、复述、观察自我、判断、纠偏以及转变策略等。脑神经在运动中的协调作用表现得更加直接,它表现在我们从网球接发球到抵抗重力作用的任何事中,证据表明:连接人类小脑和前额叶皮质的神经细胞主干要比猴子的更粗。因此可以看出在运动中,中枢神经对思维、注意力、情感甚至是动作技能同样重要。尤其是负责动作时,同时也在锻炼与一整套认知功能密切相关的大脑区域,促使大脑发出沿着相同的平滑梯度传动的神经网络信号,这也是传统的运动技能学习的第二个阶段:练习阶段。

运动和脑身心的联结相互交织,甚至在某种程度上,运动可以为大脑提供更多的养分。约翰·瑞迪在其著作《大脑使用指南》中指出:运动为大脑提供了优质的营养肥料。卡尔·科特曼也在论文中对大脑记忆的形成和运动刺激海马体做了具体的描述,海马体极容易受到疾病退行的影响,但又是学习的区域。这样看来,运动技能学习无非就是游戏规则变化,在这个游戏规则中,最容易改变的不是个体的智力水平、身体情况,而是动作技能的自我效能感,这也就是运动技能内隐学习的核心所在。

1.2.2 运动技能与身体脑的协调机理

运动技能不是一个宽泛的概念,具体到运动模式中,是动作技巧和个体能力的结合。这种能力包括了很多因素,其中个体的身体差异、年龄性别、教育程度、思维方式和动作偏好等都对运动技能的改进造成了压力。当然,运动技能学习的二元及以上结构是确实存在的,并且随着运动技能的改进,二元及以上结构会以内涵发展的方式逐渐补充运动学习的内容,并代入更多的神经学科方面的理论,其中身体脑、脑机制、体育脑和思考脑都在内。

运动技能在改进肢体能力的同时,充分考虑到脑机制的协调空间,以不断变化的脑结构和多个神经细胞支撑的身体脑,对运动技能学习进行指导,同样,脑机制受到运动技能学习影响,也得到了相应的锻炼。哥伦比亚大学神经学专家斯科特·斯莫尔在研究中发现:海马体中肯定有某种感知语言的化学物质。内隐学习方式则能刺激这种特殊的语言功能得到发挥，也能够从运动层面对神经进行诱导。运动技能是有语言的，特别是内隐学习下的运动技能不仅会形成肢体语言和心理感知的对接，更能够在动态化的环境下，对脑机制进行驱动和支配。运动技能以增加新生神经为导向，尤其是运动技能内隐学习目标明确，对身体脑形成的刺激可以加快身体脑与运动动作之间的协调。

运动技能学习最显著的特征是，它可以提高动作效率。国外研究表明，人在运动后学习词汇的速度比运动前提升了20%，学习水平和脑源性神经营养因子(BDNF)水平直接相关。同理，没有运动技能学习的内容安排，那些BDNF缺失导致基因变异的人，可能更缺乏学习能力。身体脑在某种恒定的情况下，会对运动技能的接受程度产生质疑。一方面，身体脑在外显学习的惯性中，不容易将一般不明显的突显性传送到脑神经网络，脑神经网络自然不会刺激潜在记忆，一般性的工作记忆和长期记忆就会处理这种信息，这种信息的周而复始不会提升动作技能，反而产生了偏差。另一方面，运动技能和身体脑形成的协调性，以生物过程排除了内生神经导致的缺陷障碍，也使脑机制的学习方式形成了新奇性记忆。考虑到新奇性记忆对运动大脑存在假设，大脑始终保持最佳状态，也就造就了运动技能与脑机制的协调，当然，也包括多结构脑、身体脑、体育脑、文化脑，甚至艺术脑等。

身体脑与运动技能之间的关系除了协调之外，还能使工作记忆改善。运动技能学习较容易形成新奇性记忆，神经学家威廉·格里诺提出大脑确实因为某种生物进化过程进化，并由脑回路的记忆排除工作记忆的干扰，从而实现脑神经元的增加。加拿大心理学家唐纳德·赫布把身体脑与运动之间的另外一层关系界定为环境优化。因为在身体脑的印象里，任何工作记忆都具有一定的流向和空间，会促使大脑运动，但是长期的工作记忆也会导致脑神经萎缩，这就是我们通常看到的习惯成自然。如果运动动作不具有技能属性，错误的动作始终会以工作记忆的方式对人类运动产生负面影响。身体脑是诚实的，任何突显性事物进入脑神经元，都必将对身体脑形成刺激，动作之所以不能对大脑产生刺激，主要是因为动作是常见的，不能形成突显性。相对而言，运动技能则不同，运动技能本身具备突显性和新奇性，在常态下，大脑对动作的惯性会产生刺激，打破工作记忆和长期记忆的均衡。身体脑要组织多结构脑进行动作的识别、评价、操作、预测、影响以及决策，突显性记忆对脑细胞造成了压力，使工作记忆的静态也产生了震动。由于身体脑和运动的协调作用明显，身体脑对抽象事物的记忆能力并不显著，不过在内隐学习机制影响下，身体脑的各种感知行为会更加关注受体所传递的信号。

运动是多样性的，对应大脑的 100 多亿个神经元，以控制感为导向的内隐学习在加深动作技能的同时，要促进全面的平衡。神经元之间的连接点是突触，但并不是真正接触，神经元的工作机制是沿着突触建立一种联系，以链式连接的神经元就会像一台机器一样传输各种信号。运动技能学习更加关注突显性下的动作改变对大脑产生的刺激，身体脑更像是一个学习的机器，学习是适应瞬间万变的社会环境的主要手段。大脑的微环境中，身体运动机能产生的信息会以平衡的方式在身体脑中构建新的信息通道。身体脑在学习运动技能时，或者是汲取其他知识时，无论是英语单词，还是华尔兹舞步，细胞都会通过编码的形态来表征信息多元的结构，让记忆成为大脑的一部分，这是均衡身体脑的关键，让运动均衡脑机制也是大脑创新的一部分。

运动技能和身体脑的平衡性协调在神经学中被叫作可塑性。它们更像是手工艺品，大脑则是适应多元运动的器官，好比举哑铃能锻炼肌肉，输入大量信息可以塑造我们的大脑，改善我们的大脑，使用的频率越高，身体脑的适应能力就越强。运动技能内隐学习好比是整个网络神经的总管，它既要连接运动的方式，主导动作的标准化、动作的执行和专业化，还要协调脑机制、心理活动和智力表现等，而运动技能内隐学习则像是拿着钥匙的管家。

1.2.3 脑神经机制对运动技能的支配

脑神经元类似宽阔的宇宙，人类尚无法探究神经元的真实数量，更不知道脑细胞的生存规律和驱动方式，脑神经机制对运动技能的支配来自几个方面。

运动技能具有规律性、合理性、科学性、可及性和统筹性的显著特征。以受力对象为参照，身体脑对支配运动技能的路径也需要具有对称的资源禀赋（见图 1-3）。

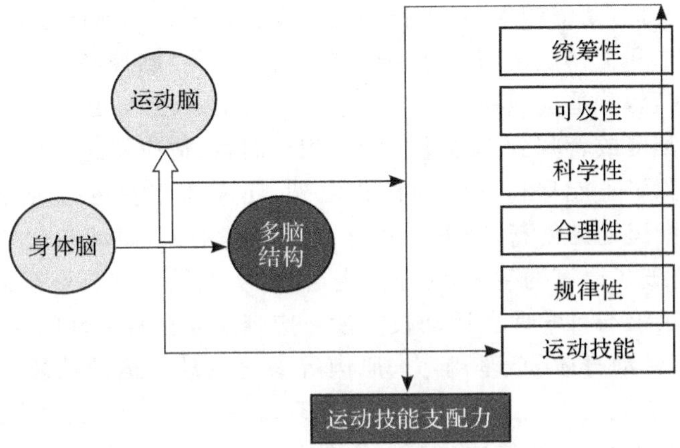

图 1-3 运动技能学习的脑支配模块

脑神经元对运动的驱动显性存在，脑机制对运动技能学习的排序、记忆、决策、判断以及结构化的学习方式安排必然存在合理性支配。脑神经机制对运动技能的支配要从规律性、合理性、科学性、可及性和统筹性，以及运动技能学习的排序、记忆、决策、判断以及结构化等方面形成耦合，在整合的基础上，凸显运动技能学习的优势，以满足运动技能内隐学习的实践需求。

第一，排序与规律性。运动在脑神经机制中具有一定的顺序，特别是当运动张力过大时，其突显性会对大脑形成较为明显的刺激，脑神经元运用陈旧性工作记忆对运动过程进行排序，其规律融合了脑神经元和运动的排序机理，甚至在某种程度上，长期记忆有效拓宽了记忆模式排序格式化的范围。由错误动作的识别到纠正，由纠正到预测，动作技术的表现不受技能改进的影响，脑神经机制的运动规律不会发生太大变化。因此，与传统的外显学习方式一样，运动与脑神经机制的排序基本上吻合运动的规律。相反，运动技能则进行了技术改进和动作创新，甚至脱离了脚本安排，运动技能内隐学习与脑神经机制产生了内隐感知力，由此而产生的变化重构了脑神经机制对运动技能的支配方式。

第二，记忆与合理性。运动技能的记忆基础是工作记忆和长期记忆形成的记忆框架，但这种记忆方式的合理性值得商榷。因为长期记忆和工作记忆在特定的环境下具有合理性，并能对运动学习的完善和结果改进实现支配。但是突显性和新奇性给脑神经元带来了新的信号，新的信号改变了记忆范式，记忆则需要在脑神经排序中寻求更为稳定的结构。运动技能学习的合理性由运动脑产生，对于长期记忆和工作记忆不能产生有效影响，因而，长期记忆和工作记忆与脑神经机制的对接不足，脑神经需要适应运动技能学习的内容，并适应其突显性。一方面，运动技能改变了动作操作的内涵，增加了难度或者减少了运动步骤。相对而言，适应了运动的长期记忆和工作记忆，除了不能保持固定的格式之外，还需要改变运行规律。另一方面，大脑支配运动的创新，合理性建立在静态基础上，而动态化的运动技能创新学习打破了原有的生态，尽管具备合理性，但是一定要重新架构。

第三，决策与科学性。运动技能学习应当建立在科学性的原则上，以内隐学习方式带动身体、心理、脑力、肌肉等参与运动。运动技能学习的科学性原则是保持最大的生态化。脑结构和环境一样，一旦有不和谐的事物出现，就会颠覆生态环境，造成决策层面的失误。运动过程中，如果运动技能的改进不能得到脑结构的关注和支持，脑神经机制的决策就是错误的，不仅会影响动作的完成，而且还会对长期的工作记忆造成混淆，记忆紊乱的工作机制不能有效、科学地指导身体、肌肉完成动作。就像画家作画的画布，我们可能没有意识到它们，但它们提供了我们意识到的练习的各个方面所处的环境，而这些背景环境大部分都和我们想要学习的外显记忆一起储存在记忆中。这些记忆被称为内隐记忆，它们与我们对一项技能的外显记忆交织在一起。所以，记忆实际上是由练习环境中有意识和无意识的学习元素组成的。运动中，内隐记忆改变了大脑的记忆存储功能，信息的传递通道和决策会随着内隐机制形成脑神经元认为合理的方式，对运动做出决策。

第四，判断与可及性。在运动中，脑神经机制以突显性的感知行为进行判断，这需要工作记忆的支持。脑神经机制连接着控制情感和生理压力的节点，并在细胞水平上起作用，尽管运动能促使大脑形成自觉的压力，但是细胞的修复水平在支持运动过程时，会对运动的作用力、关键节点和运动结果进行判断和监控。判断的不可及性表现为：运动中，脑神经元丧失了内隐感知的循环模式，对突显性的接收失真，或者是接收的过程中，产生了神经性紊乱，这种情况下的脑神经元对运动的监控不具有有效性。另外，脑神经元对突然产生的突显性，是不具有可及性的。由于突显性的产生是具有一定基础的，长期的工作记忆和肌肉记忆对运动的框架具有一定心理认知和身体肌肉认知，产生的记忆对运动技能的改变也会具有产生潜在基础。如果能将脑神经元的可及性贯穿运动技能内隐学习的判断中，基本上能够满足脑神经机制对运动技能内隐学习的支配。

第五，统筹性和结构化。大脑神经机制对运动过程、运动技能以及运动的表现都有一定的统筹力。基于统筹能力的结构性学习机制构建，在于将运动技能的学习方式以差异化认知提升为运动技能目标实现的结构，借助结构性学习能力拓展，促进脑神经机制对运动技能学习进行支配。

大脑神经对运动技能的支配，有效地改善了学习方式、学习目标和学习过程，最大限度地使运动技能的突显性形成一种全新的工作记忆，以工作记忆的创造性抵消运动技能内隐学习的再投资，有机地形成了运动内隐学习中，大脑神经机制的核心使命。

1.2.4 运动技能隐喻性指向和塑造性

在神经科学中，隐喻性意味着定向漫游，其中也包括了长期记忆和新奇性记忆。隐喻性需要一定的场景，需要借助环境、条件、自然、个体能力和心理活动。在运动中，隐喻性的定义和概念非常明确。运动技能在他类事物的影响和启迪下感知、体验、想象、传递运动技术，并被转化为一种无声的语言行为（如肢体语言）、技术行为（如动作惯性）、文化行为（如文化认知）。运动技能形成过程中，隐喻性通过自己独特的方式，对运动技术的感觉和思维形成一种典型的临摹。运动技能隐喻性是动作技术和专业化之间的剪接过程，它包括主体、客体、本体、喻体和场景因素，相互传感的连接方式使隐喻性的系统传达更具有实效性。

运动技能隐喻性传递系统中，本体抽取的时机主要选在个体建立技术动作的整体概念和启发个体更充分展示和表现技术动作感觉时，本体抽取的要素主要有物理要素和非物理要素两种；喻体的借用则近取诸身，远取诸物，包括大千世界的各种事物，借用的类型以图形类、自然现象和事物类、相关运动项目、生活现象和情节情感类居多，同时，喻体的借用还受到运动技术形成不同阶段的影响。从各种从属隐喻的探源和分析中，可提炼出七类支配运动技术变化的根隐喻形式，分别为容器隐喻、方位隐喻、连带隐喻、介质隐喻、原型隐喻、情感隐喻和宇宙隐喻。这些根隐喻的显现揭示了运动技能形成过程中思维活动的规律。同时，运动技能在隐喻性传递中有所局限，但是也有突破。对于应用场景的模糊与超感性、呈现的具体性与抽象性、信息的系统性与发散性、传递的多元角度与一致性、异质间性与虚拟性、群体认同性与场景、更替性与均衡动态性，运动技能隐喻性具有更强的专业性、精微性、圆融性、统筹性、联系性和外延性。在运动技能的形成过程中，隐喻性具有运动技术改善的图谱作用,以便于运动技术成像,启发练习者的想象力和心理活动过程,从而产生创造性。

运动技能隐喻性在内隐学习机制中有固定的指向,就是要通过运动技能内隐学习将运动学习内容塑造成一种典型的隐喻目标。首先,运动技能隐喻性指向精准。运动技能提升就是要改善运动过程中的脑力结合,将身体和大脑联结起来,形成高效的工作模式,并促使运动中,身体与场景产生融合,使身体在场景影响下,可以借助某种潜在力量,将动作技能发挥到极致。由于隐喻性的精准指向,运动技能的干扰因素、诱导因素,可以被系统地转变为根隐喻形式,以场景成像和情感隐喻为导向,动作的塑造和完成在短时间就可以联结脑身心,激发肢体潜能。其次,运动技能内隐喻性指向的信息传导方式特殊。尤其是团队之间的运动赛事,口述语言极容易被限制或者被对方模仿,隐喻性条件下语言指向以肢体语言、表情语言和手势语言完成信息传导。信息传导过程中,可以将语言的表述程度用其隐喻性的特征表征出来。运动技能隐喻性指向具有明确目标,过程也相对完整,动作的操作性、连贯性、协同性和爆发力都将以场景变化、成像刺激、物体隐喻等方式表现出来。

塑造性在运动技能学习中所产生的作用具有明确的目标导向性。运动技能学习过程不受到任何外部条件干预,个体在学习中的目标较为明确,但是由于技能介入,运动中还是形成了一些潜在的外部影响条件。塑造性在运动技能的练习、学习中,以塑造目标、塑造特质、塑造场景和塑造思维为条件,其表现过程是自觉的,在运动中能够产生自性与协同。

塑造目标。运动技能对现阶段运动目标的影响以动作改进为导向。运动过程中,有效阶段包括动作认知阶段、熟练阶段和完善阶段,还涵盖了运动的创新阶段。这种创新显然是没有明显的外显特征,最优动作达到自动化的目标,创新的结果才能得以显现。为此,目标塑造是心理、身体、肌肉、脑力的多元集合。考虑到目标塑造的专业化指向,与其隐喻性相关的参照,要以实现运动技能的全要素控制为标准。

塑造特质。特质是运动练习者自身的一些特点,相对于优势比较一般的运动练习者,具有特质的练习者不仅能够针对传统的运动方式进行控制,而且能够在运动中将自身肌肉、肢体、思维等的特点融入运动,以形成别人无法效仿的动作。前国家乒乓球队队员丁松就具备这种特质,曾经以"怪球手"著称,并取得了相当好的成绩。塑造特质目标差异化,当然也需要通过隐喻性的参照实现特质的空间赋能，基于目标差异化和特质赋能的运动技能，虽然具有显著的个人特点，但是却促进了个体运动能力的提升。

塑造场景。运动中，练习者要善于将动作的完成与场景形成有机融合。通过肢体的习惯性与场景协同性，增强技术的控制感。通过脑机制的联想和心理活动的抑制力，以设定有效的场景为目标，提高运动水平。

塑造思维。思维具有发散性，也存在连续性。运动中，身体的活动程度会刺激到脑神经机制，使其产生控制感，并由右半脑传达到左半脑。传达过程中，脑神经元带动身体脑完全进入到运动状态，促进结构脑的多元组合，以便于完成运动技能的过程学习。

运动技能隐喻性指向和塑造性联系了场景、情感、心理、智力、动作、情绪、特质、个体能力和思维等，系统地将运动内隐学习催生为差异化的学习结构。

1.3 运动技能与学习机制

1.3.1 运动技能与脑神经区别的场域变迁

运动学习通常被定义为通过练习来学习和培养新技能的一种过程。运动学习过程严格依赖于皮质—纹状体环路以及小脑的结构完整性和功能活动。由于脑网络功能改变，一些运动练习者可能存在运动学习困难，进而影响运动表现。不同的任务会涉及不同的解剖结构。如果说任何任务都只涉及大脑的一部分，那就太简单化了。网络更有可能是功能性的，但是，可以确定某些特定结构起到了主要作用。小脑是适应学习的主体。然而，在技能学习中，小脑的作用较小，而包括运动皮层在内的皮层结构则很重要。技能学习有很多方面，可能会占用大脑的很大一部分。就基因序列的重要性而言，小脑似乎也扮演着重要的角色。

通俗地理解，运动技能是左右半脑之间的博弈，也是工作记忆、长期记忆和新奇性记忆之间的交织。运动技能学习机制的建立就要改变左右半脑在运动中的作用。我们通常认为左半脑是指挥肢体和肌肉的中枢，右半脑则是负责形成思考和决策的场所，运动中，小脑接受技能驱动，动作的掌握和控制实现了以脑神经元的驱动为导向的综合目标。但是大脑中对动作的识别，尤其是对动作技能的识别则需要多结构脑，也就是说，在运动技能的信号传送到脑神经机制时,尽管同一性地介入了脑神经元,由于左右脑分工不同,运动技能所形成的突显性并不能具备真正的效果。其实,运动技能学习机制与脑神经机制的接收有着严格的区别,神经学阐明了场域变化的道理。最重要的观点就是脑科学专家温蒂·铃木提出的:任何来自身体的信息都要在左半脑接收后,通过前额叶皮质传送到右半脑,右半脑继而进行预测、判断、决策。而后通过颞叶向额叶传输指令,额叶将信息回传给左半脑,左半脑完成动作的执行,这也正是我们通常认为的"右脑进,左脑出"。

运动学习的过程就是脑结构的组合过程,身体脑对体育脑进行支配,体育脑通过协同其他结构脑,短时间内对运动学习的内容进行识别,相应地也会做出一些判断和纠正。运动技能学习应该以右半脑为中心,我们通常说的"头脑简单,四肢发达"是不成立的。如果右半脑不参与运动技能学习,动作的操作就缺乏条理性,也缺乏思考,从而影响动作的专业化和标准化。运动学习主要依赖于运动皮层,运动皮层是大脑皮层中参与计划、控制和执行自主运动的区域。运动皮层在解剖学上称为"中央前回",亦称"第Ⅰ躯体运动区"。运动皮层是额叶的一个区域,是位于中央沟前的后中央回的一大块灰质,支配躯体各部分的运动,电刺激该部位会引起运动反应。所以,运动皮层在运动学习的过程中具有"一夫当关"的作用。诚然,运动皮层的功能是宽泛的,运动技能并不是单一依赖运动皮层改善动作的操作技术,而是要通过运动皮层引起的运动反应,进入到右半脑,形成动作。

基于运动技能与脑神经的区别的场域,要以运动目标和运动效果为突显性,带动体育脑在脑结构中的作用优化,从场域迁徙的层面分析运动技能学习的外延性(见图 1-4)。

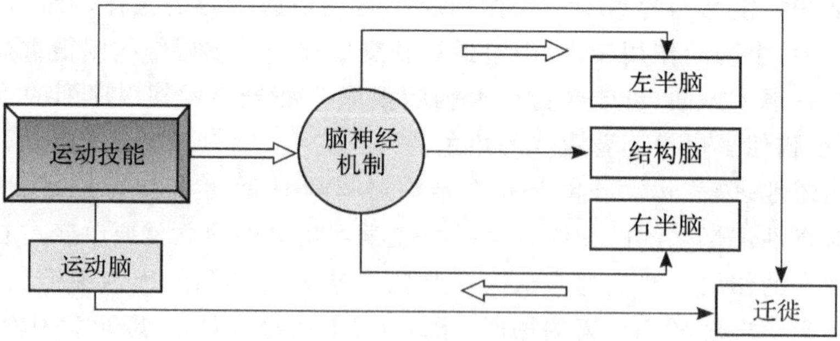

图 1-4　运动技能与脑神经场域迁徙模型

运动皮质难以介入右半脑。左半脑神经网络对运动技能的感知影响和行为产生的强烈刺激,通过前额叶皮质的传送,到达右半脑。运动皮层具有参与、组织、计划和执行的功能,但是它并不能改变信息传输的路径。考虑到运动技能突显性,信息在脑神经机制中的作用要经过运动皮层过滤,所以,在这个过程中,运动皮层的优化作用就凸显出来了。虽然不能改变相应的路径,但是可以根据自身的需求和动作的缺陷,对运动规模进行评估。运动皮层在发起评估信息时,会以差异化的方式告知结构脑,结构脑中的体育脑、文化脑、思维脑则会产生一定的连锁反应。虽然运动皮层不具有细分信息的能力,但是这种传输信息的模式会促使结构脑关注运动技能,由此完成运动技能在脑组织中的场域迁徙。右半脑号召结构脑对运动技能进行系统、科学、准确的评价和判断,直到后期做出合理的决策。

运动中,场域迁徙是微观的,具有代表性,但是并不具有外溢性。由于结构分布在右半脑,右半脑对动作操作的技术、技巧、规范、错误、盲区以及完善都有一定的监管作用。右半脑的活动超越了人们对它的认知,当右半脑做出决策并传送执行时,运动技能与脑神经机制的整个活动迁徙就完成了。

场域变化下的学习机制不具有改变学习路径的可能,运动技能学习显然是不可能由左右半脑单独完成的。肢体受控于脑思维,脑思维对运动技能学习的供给则突出了多脑结构的参与,并将多脑结构的意见和建议整合成一种创造性,由此而产生的运动学习机制还是要依赖感知行为、思维发散、动作受力、神经中枢控制、场景设置以及个体的能力。无论怎样,运动技能学习在左右半脑之间的协同更具有隐蔽性,但是极具合理性。这种模式下的内隐学习更适合、更合理,也更科学。同时,场域迁徙下的运动技能学习内容也决定了内隐学习的高度,并以内隐的方式将场域迁徙这种隐蔽性活动合理化。

1.3.2 运动技能惯性与学习机制的默认契合

运动技能具有显著的惯性,肢体在日常生活中的动作习惯较容易形成个性,这种个性与运动练习者的体质、品格、气质相关。运动技能惯性对应个体的学习能力和学习特质,尤其是日常的动作由于长期的错误操作,在运动学习中并不能有效纠偏,导致运动技能惯性对运动练习者造成了不小的压力。

运动技能惯性与肌肉记忆有相近之处。运动中多次重复一个动作,肌肉就会形成条件反射,运动的记忆是非常慢的,一旦获得就很难纠偏。对于运动技能内隐学习而言,运动技能惯性富有风险偏好。就好比一些有驾驶经验的学员到驾校考驾照,手上的动作经常会成为扣分项,这就是典型的运动惯性。对打乒乓球来说,肌肉记忆效应有好处也有坏处,最典型的,比如某个人的拉球动作就是大量重复而形成肌肉记忆的结果。这个动作无论正确还是错误,想要改变是十分困难的。纠正运动技能惯性的唯一路径,是要通过内隐学习进行动作纠偏,以心理感知和下意识的控制感对动作技术进行处理。

从运动技能惯性到运动内隐学习,要达成默认契合需要一个长期的锻炼过程,其中心理、脑力、身体控制感、身体平衡感以及练习者的情绪都至关重要。首先,心理活动在从运动技能惯性到内隐学习的比较中。心理活动是对运动技能学习的主张,运动技能内隐学习从心理认知和运动技术完善的角度,与传统的运动技能学习方法进行比较。内隐学习通过心理认知、心理感知、心理架构以及心理认同对运动技能有较高的期望。而传统的运动技能学习主要是通过肢体和肌肉的反复练习导致神经网络的压力增加,除对心理影响造成一定压力之外,还不能实现和谐共生的运动生态,导致从心理认同角度对传统学习方式产生一定的排斥。由于不能实现共生,心理认知便会形成一种较强烈的懈怠感,甚至反感。运动技能内隐学习方式强调注重心理过程认知,由认知到认同,运动心理的价值链和生态链逐渐形成,所以能够满足运动技能学习的心理支持。其次,脑力在运动技能惯性中的抑制作用。脑神经元运行机制中,对运动产生的惯性并不能具有较强的纠偏和规范作用。所以,下意识地告诉自己这样一个动作是减分项,要处理这样一个风险动作,最简单的方法就是由脑神经元向结构脑发出指令,结构脑配合脑神经元,经由心智传导到肢体。正是因为脑神经元和心理智力会产生作用,所以在这个过程中,运动内隐学习与脑力产生了共鸣,在处理每个动作时,脑力和内隐学习方式都会对多动作进行控制和监管,也就实现了脑力语境下运动内隐学习方法对运动技能惯性的处理。再次,运动技能内隐学习基于运动技能惯性的身体控制感进行匹配。基于感知行为驱动和心理过程观察的内隐学习,从心理活动过程、情绪控制、角色抑制、动作增益和目标管理层面进行运动惯性控制,以上述的目标控制为手段,将运动惯性进行内化,有效地以身体支配力为张力,以动作完善和动作标准化为基本诉求,通过内隐方式控制身体惯性。在运动中通过动作目标管理和心理活动过程的结合，对肢体、肌肉、情绪以及动作风险偏好实施管理。最后，平衡感和练习者的情绪。足球运动员在奔迎球、争抢球时，身体的运动速度、方向以及与其他球员冲撞引发失控均会导致摔倒。速度滑冰运动员在弯道也会因为不能处理好速度、离心力等而滑倒。举重运动员双手用力不均也会造成提拉杠铃及上举时的力量失衡而试举失败。高尔夫运动中，平衡同样是一个重要概念。挥杆是由球手的身体动作来完成的，挥杆过程中身体的平衡直接影响到挥杆的质量，与之相关的还有球杆本身的平衡、挥杆动作的平衡和挥杆时移位带来的体重转移的平衡。导致这些动作失败的一个重要因素就是身体在运动中具有一定惯性。身体平衡感对运动惯性的处理是由小脑指挥的，这既是一种感知身体位置的能力，也是一种空间感。运动平衡感抑制惯性、处理惯性都是基于内隐方式的动作演化，为了保证身体惯性受到控制。另外，运动练习者的情绪和运动惯性有一致性，特别是在保持正确的姿势时，运动效能可以发挥出来，但是当运动练习者情绪不稳定或受到来自外界条件影响时，运动惯性的无意识流露则会影响动作的完成。

运动技能惯性由形成到发展，经历了一个较为漫长的过程，一些动作在技术影响下会有一定改观。但是很多习惯性动作和身体惯性是不可能受到技术控制的，因此只有改善学习方式才能提升动作完成的质量。运动技能惯性的改善不仅需要动作操作的改进，而且要控制运动心理、建立身体平衡感、充分指挥脑力、促进身体控制感以及把控情绪，这些方面的学习都需要利用内隐学习这一模式。如果简单依赖外显性学习，在动作层面消除运动惯性，显然是不现实的。运动过程的缺陷依靠头脑风暴完善和改进，在理论层面，具有极为广泛的现实价值，也能从实践层面对运动技能机制优化学习填充更翔实的内容。

1.3.3　运动是保持脑健康的最优方式

运动与脑健康的关系本身就很紧密，从生理学角度来观察，运动促进代谢，促进脑发育，促进肢体的均衡性和肌肉的紧密性。从神经学方面来看，运动是中枢神经在不断运动的过程中的一种自觉维护，而脑神经元在不断发育和成长的过程中，其内敛模式是运动的，并且具有很高的频率。基于此，运动是保持脑健康的最优方式，这一理念在国外生物学、神经学和心理学等领域都得到了验证。

上面我们提到了运动皮层,其实运动皮层不仅仅是一个简单的运动指令执行者,它可能与运动学习的不同方面有关。运动皮层显示出相当大的可塑性,一块肌肉或某项特定任务的兴奋性和区域数量都可以根据使用的次数而增加或减少。在学习新任务时,运动皮层的活动也会有短暂的增加。在连续反应时间任务(SRTT)中,经颅磁刺激(TMS)、脑电图和正电子发射断层扫描证实,运动皮层参与运动学习的内隐阶段,但在外显阶段活动参与度下降。在学习增加夹紧力和食指与拇指间夹紧加速时,经颅磁刺激的运动诱发电位(MEP)在学习早期升高,但在行为变化后下降。在学习双目任务时,大脑两个半球之间的脑电一致性在学习时有一个短暂的增强。运动皮层活动的这种短暂增加起什么作用还不确定。最近已经证实,运动学习经历了一个巩固阶段,并随着时间的推移变得更加完善。在力场中对相同运动的神经成像研究的结果显示,在学习阶段,运动皮层的活动会短暂的增加。

运动皮层是人类大脑运动的主要控制中心,它把很大比例的轴突贡献给皮质脊髓束,而几乎所有的轴突都是单突触的运动神经元。运动皮质损伤后,最明显的缺陷是麻痹。然而,现在已经很清楚,运动皮层不仅仅是运动的执行者,它的另一个作用是促进运动学习。运动学习是一种程序性学习,可以定义为运动表现随实践的变化。过去的研究中大量的证据证明了人类运动皮层和运动学习功能的可塑性。使用经颅磁刺激,可以绘制出头皮表面单个肌肉的兴奋程度。身体部位使用得越多,表现就越好。这首先是通过观察每天阅读盲文数小时的盲人第一骨间背肌(FDI)的皮层表征区域来证明的。FDI 使食指移过盲文字符,在阅读手对面的半球的 FDI 表现有所改进,但在另一侧半球和未阅读盲文的盲人的任何一侧半球 FDI 并没有。相反,如果不使用身体部分,表现将收缩。这首先是通过观察在踝关节受伤后用石膏固定踝关节的人的胫骨前肌皮层表现来证明的,在固定化后,表现更不明显。

随着大脑可塑性的概念逐渐被神经学界认可,一种关于增生的更为激进的观点变得可信。20 世纪,科学界提出了大脑是一个在青春期就完全发育成熟的硬件的观点。这意味着大脑神经元可以随意调整,不受到任何外界模式的影响和支配。1998 年,生物学界公布了一篇影响力巨大的论文。论文研究表明:神经元像身体的其他细胞一样,正在分裂和繁殖,这个过程被称为神经新生。神经新生意味着大脑某些区域存在对抗,一旦受到某种刺激,大脑会将传统细胞的作用拷贝到新的细胞上。看起来,神经新生和运动的关联性不强。诚然,对于健康的大脑来说,每一次剧烈的运动,都会促使脑神经的海马体上显示出新生细胞。新生的细胞确实在运动中起到了某种作用,显然,新生细胞与环境、情感、认知所有的肢体行为有关系。神经学家费雷德·盖奇在研究中证明了:一个新生的细胞要经过28天才能加入一个神经网络中。和已经存在的神经元一样,如果我们不使用它,它就会消失。

综上所述,我们已经知道运动如何在三个层面提高大脑的学习能力。首先,它善于完善大脑的思维模式,提高警觉力、注意力和驱动力;其次,它让神经细胞做好准备,并促使神经细胞相互连接,构成了新的传输信息的细胞基础;最后,运动激发海马体的干细胞转化成新的神经细胞。如果观察这三个层面的变化,我们一定会想象:什么样的运动,多大的运动量,什么样的运动模式才可以促进脑神经元的细胞新增。就目前的研究现状来看,我们无法揭晓答案。但有一点值得肯定,在进行高强度的运动时,你无法学会复杂的事情。因为这时血液都从前额叶皮质分流出去了,妨碍了你的执行功能。比如,让大学生一边在跑步机上坚持20分钟的高强度锻炼,心跳达到最大心率的70%～80%的同时,一边进行综合学习测试,结果不会理想。

当我们不得不学习一种比走路更复杂的运动技能时,实际上,这一过程已经激发了我们的大脑。一开始,大脑感觉到手足无措。当连接小脑、基底和位于前额叶皮质的神经回路开始变得活跃时,动作的精准性愈合越来越高。随着不断重复与练习,神经纤维外面会形成更厚的髓鞘,髓鞘能够提高信号发送的质量和速度,继而提高神经回路的效率。以空手道为例,当某个招式练得炉火纯青时,你可以把它组合为更为复杂的动作。不久之后,随着运动惯性的产生,练习者会对新的招式产生新的反应。

1.3.4 兼顾运动与学习的价值链条

在开展本节研究之前,我们可以先定义一个概念:社交大脑。学生在体育课上学习各种社交技能时,会以一种学习的态势去面对学习中的各种难题,而运动在学习中具有润滑剂的作用。那些患有社交恐惧症的学生,或许正试图通过体育课来克服寂寞,而运动学习则唤醒了学生的社交记忆,并提升了他们的社交自信,学习的能力和学习习惯的培养也在运动中得以生成价值链条。

如果说,运动可以让大脑做好准备,并建立起这种经历回忆的神经回路,那么运动的功效就会和脑神经元的学习融合,成为妙趣横生的学科。美国体育教育界将学生更健康、更幸福、更聪明视为美国体育教学的终极目标。他们不仅将体育课教学延伸到了课外,而且还使它成了跨学科专业化的中心,以肢体健康、心理健康和肌肉健康为目标导向的体育教学与英语教学,演讲课、数学课和音乐课结合在了一起,形成了全要素的价值链条。

首先,运动让大脑做好了学习的准备,提高了大脑记录和处理信息的潜能。达尔文在进化论中明确了运动在脑神经元健康发育中的作用。2007年,一个著名的实验证实,在操场上完成一次35分钟,心跳达到最大心率60%~70%的锻炼后,受试者的认知灵敏度大大提高。研究中要求50~55岁的人快速地说出普通物品的一切用途,比如,报纸是用来阅读的,也可以包裹东西。认知灵敏度是一种很重要的执行功能,它反映出人类改变想法的能力以及源源不断产生创造性思维和答案的能力。运动在形成记忆方面起到的作用,让它成为学习的关键因素。海马体并不会到一定程度就自觉地停下来,主动中断新神经回路。学习是前额叶皮质指导、多脑结构参与的共同过程。学习时必须认识到脑神经元的突显性,随后将它放在工作记忆中,同时在感情上给予重视和关心,并把这种突显性进行有效的排序,再把整个信息与海马体联系起来。额叶在分析确定信息的排序过程中,既要保证信息来回传送,还要通过有机的刺激性,巩固学习的价值链,让它成为运动技能学习思维的基础。

其次,运动以神经递质的形式介入大脑,去甲肾上腺素被唤起注意力,多巴胺使注意力变得敏感,更为集中。在学习中,我们普遍会感受到一种压力,这种压力在学习的状态下会产生强烈的反应。这就不难理解,前额叶皮质与脑神经元等诸多部位进行联系后,得到广泛的信息输入,由脑神经元产生的一种潜意识的知觉或者记忆,可能引起强烈的反应。但是,我们无法预见压力,也根本没有办法将压力概念化。往往压力是学习的驱动力,把压力处境刻录成记忆的行为,显然是对学习记忆的一种净化。20世纪60年代,神经内分泌学家布鲁斯·麦克伊文在研究中证实了:如果海马体上缺乏足够的皮质醇受体,学习的效率会降低,学习的有效性也会降低。虽然海马体会比较各种记忆,但是它难以形成长期记忆。为了促使这种模式能够以工作记忆的方式形成长期记忆,我们可以将压力转化为一种新的学习机制。从改善记忆开始,再到增加记忆的长效过程,运动所起到的作用是非常显著的。另外一项研究证实了,进行规律锻炼的员工的病假天数更少。通用公司曾经做过一次调查,属于部门健身中心会员的员工,医疗保险报销的费用减少了 27%。而非会员的员工则增加了 17%。90 年代,可口可乐公司的一份报告显示,参加锻炼的员工医疗保险的费用平均减少了 500 美元,参与员工的注意力集中程度达到了 88%以上。

运动与学习是相互交织和影响的。由于运动在学习中体现了效率,而学习体现了运动的重要性,所以,构建运动和学习两者兼顾的价值链是当前运动技能内隐学习的另一个目标。如果还是从跨学科和跨行业的角度观察,运动改善了练习者的体质,使之更加聪明、注意力更集中、身体更健康,那么运动在宏观上可以提升练习者的思维能力与心理活跃程度。当然,运动频率增加会促使练习者的运动技能目标更容易实现。学习中的运动则表现得更加微妙,学习是大脑运动和肢体运动的总过程。以钢琴教学、绘画教学为例,运动各个身体部位的肢体和肌肉,都能够形成稳定的记忆,这种记忆通过脑神经回路,增强了工作记忆的影响模式。当然,工作记忆对脑神经元的驱动,从信息的传输到思维的锻炼,不仅改善了当前的运动技能学习目标,而且在微观上更加注重培养练习者的个体素养。固然,个体素养更关注身心健康、工作稳定和情绪的控制。

运动技能学习是一个全要素的过程。在链式管理中,全要素的作用较为显著,对于个体能力的要求相对较高,但是并不排除在运动中,以有效的价值链条产生的学习能力驱动是对竞技体育的消解。相反,非竞技体育下的运动技能学习,对人体的脑神经元、智力、心理和情绪等内因有一定的推动,但是学习内涵则是建立在智力水平的提升和脑结构的多元化参与的基础上。因而,满足这样一个前提条件的关键在于构建稳定的价值链条。

1.4 运动技能和学习机制反相关探究

1.4.1 孤掌难鸣的外显学习

运动技能外显学习注重外部刺激,整个运动过程都要受到某种突显性刺激,或者是根据明确的规范来完成。特别是在运动技能学习过程中,外显学习促使运动练习者的学习行为受到意识控制,有明确目的,需注意资源,并要做出一定的努力。所以,基于终身学习和科学目标导向的学习机制下,外显学习不足以支撑运动技能学习,更不能胜任学习过程中的创新任务。

因此，暂且将外显学习的语境理解成孤掌难鸣。

从反相关的角度考察，运动技能外显学习的联系方式反相关，联系内容反相关，联系目标反相关，均以一种比较简单的方式体现出运动技能学习。而对于学习过程中对其他资源的整合，外显学习的简单模式对内隐模式的刺激不大，或者说就不可能造成干预，这就是反相关角度的外显学习所产生的后果。

运动技能外显学习与内隐学习形成的平行路径，决定了脑机制在运动过程中产生的突显性，有利于脑机制成为内隐学习的主体，然后通过目标传感的方式，动作技巧、动作要领以一种规范性的约束成为学习模式。考虑到这种模式所呈现的开放性和均衡性对于运动练习者的运动惯性来说，是以一种动作偏好的趋势实现动作的自动化，那么就局限了运动技能学习的创新，也不能有效地对运动技能学习的过程进行实时动态化的跟踪和管理。显然这种模式下的学习方式是孤独的，外显学习之所以陷身于运动学习的“尴尬”语境，因为运动技能学习的创新需求程度增强，而不是要将这种错误的学习进程执行到底。

如果说运动技能的外显学习是孤独的，那么造成其孤独的并不是学习的思想发生了质变。相反，学习理念与学习思想越发达，其所产生的诉求就越发接近一种共振状态。共振状态下的学习是要通过身体、肢体、肌肉、脑机制和结构脑带动多脑学习，从而进入一种循序渐进的状态。只不过在学习中，身体结构和个体差异化不再适应外显学习，大部分的动作实现了迁徙，导致外显学习就好比是“独坐寒江”的老者一样，周而复始地运动。这种运动对大脑，对肢体，对运动本身并没有产生积极的意义。显然，这种状态下的外显学习，其运动技能学习目标和运动技能学习动机都产生了一定偏离，从而造成了外显学习在结构上已经产生了不合理性。由于它可能受到较强的外部干预，动作完成的惯性、习惯、偏好和动作的完善程度都不能达到自动化的标准。

长期以来，运动技能外显学习的记忆存量与内隐学习的超级记忆形成了鲜明对比。假设由于工作记忆的介入，运动技能内隐学习将刺激部分突显性产生并形成稳定的工作记忆，并将这种记忆模式融入脑机制的思维中。小脑驱动多结构脑对身体发出指令，运动技能学习就实现了多元参与。而外显学习则是集中关注某一个动作节点，不能充分利用学习资源，进行广泛参与。学习过程中，外显学习所能产生协调的各种加工资源，随着动作迁徙已经不能胜任动作技能的完善，更不能有效地形成有利于动作完成的记忆。

这种语境下的外显学习风险系数更高，其动作惯性也会随着技能的不断改进变得更为复杂和不稳定。

动作迁徙、记忆存量不足、运动惯性和动作偏好等一系列的外显学习弊端必然影响外显学习在运动技能学习中的应用。当然，运动技能学习的相关性是较为密切和复杂的，外显学习和内隐学习两种模式对运动技能学习所产生的驱动和支配具有显著差异。基于差异化的身体和运动内容，运动技能学习的两种学习模式在其联系阶段所表现出来的相关性并不紧密，甚至各自为政。这就不难解释外显学习为何孤掌难鸣了。其实，外显学习和内隐学习是两种不同的信息加工机制，外显学习是经过大脑驱动，向体育脑进行信息输送，输送过程中，脑结构对信息的思维方式和表述方式都局限于动作的机能和执行，而缺乏思考和创造性。内隐学习则是借助一定突显性，对脑机制形成驱动。而脑机制的驱动力在信息输送的过程中，对多脑结构发出信号，广泛参与下的多脑结构促使运动技能学习的各种元素和资源充分调动起来，产生的学习机制共振效果一目了然。

典型的"2×2 实验"中将运动技能的学习过程通过轨迹追踪融入实验中。实验证明，在认知过程中，越是复杂的动作快速呈现并准确反馈时，外显学习越难把握变量间的不显著共同规则；而内隐学习却有很强的表现力以及自主性。事实上，当人类在熟悉一项新的运动技能时，往往需要对动作规范进行分解，随着动作稳定性越来越高，学习机制就能够在复杂的环境下产生恰当反应。这一过程可以理解为自动化的过程，这也恰恰是运动技能外显学习和内隐学习的差异所在。当然，这更是信息加工机制的差异所在（见图 1-5）。

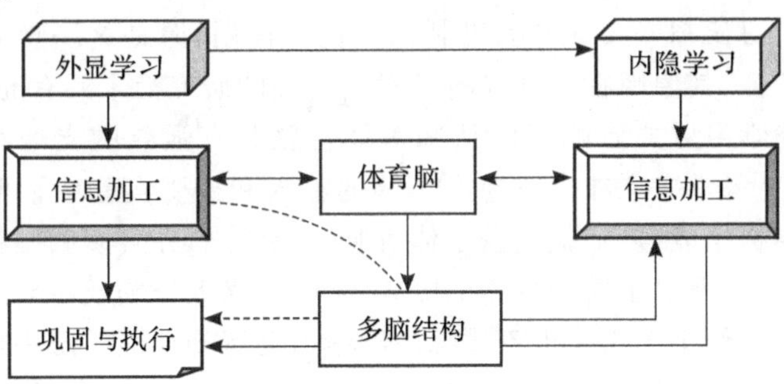

图 1-5 外显学习与内隐学习比较模型

对于同样的信息加工功能,外显学习的驱动方式和支配方式不够全面,在学习中,不能产生多脑结构和肢体、肌肉以及动作要领的共振。相反,内隐性学习就具备这种功能,并且随着这种功能的多元融合,动作迁徙、工作记忆、长期记忆以及动作惯性改善都得到了较好处理。相对而言,与“一枝独秀”的外显学习比较,内隐学习除了驱动多元要素参与学习机制,更能够有效引导多脑结构在运动技能学习中对信息加工形成一定的“超级记忆”,这样就决定了运动练习中的再投资决策的作用会减弱。从改善脑机制到信息加工优化,再到执行功能与动作巩固能力提升,外显学习确实像一个孤独的英雄,它不仅孤独,而且还不是一个胜者。

1.4.2 内隐学习嵌入方式与合理性

内隐学习保持了一种合理嵌入和科学嵌入的状态。运动技能学习就好比是电子竞技游戏中的杀手,它需要满血复活,更需要自己造血。如果单纯依靠输血,这个杀手的“血条”终究会被对手耗尽。一旦结构合理,嵌入方式恰当,造血功能就能确保它战无不胜。

对于内隐学习,运动界、生物界以及神经科学都做了充分的佐证,但是,结果并不令人感到满意。由肢体到肌肉,由肌肉到大脑,由大脑到小脑,由小脑到多脑,神经学科定义了内隐学习的基础概念,运动学则根据运动技能的需求,在学习层面建立了内隐学习的格式塔,即过程、目标、默许到融合。格式塔的存在奠定了运动技能学习的理论与实践基础,其中内隐学习就以合理存在的方式,驱动着运动技能学习内涵的发展,并对学习内容和反相关的元素实现了有效支配。

内隐学习认知嵌入会与脑机制产生优化作用,但是这一点无法从学术层面进行论证,其原因在于神经科学对体育脑的研究尚未具有充分证据,能够证明内隐学习方式影响下的认知对体育脑具有强效的支配和驱动。当然,国外神经科学专家在研究左右半脑的输入和接受实验中证明了脑机制是由多脑结构组成,多脑就涵盖了体育脑和思维脑,并且多脑结构对于突显性的吸纳力,以及对于新奇事物的吸收惯性,可以促进脑及时对某个新奇性产生一定优化作用。当然也不排除内隐学习在运动技能学习中对某个动作惯性形成的改善。当我们还在畅想人工智能介入体育教学的过程时,“互联网+”模式已经向我们走来,“互联网+”体育学习模式通过人工智能的简单认识,对复杂的运用技能实现了有效的智能统筹,不仅改善了运动技能高度模仿的效果，还在动作技能创新层面实现了智能化评价。这一切得益于人工智能的实现，但是更要考虑多脑结构对内隐学习认知的吸纳，从而产生最优化的动作技能，奠定运动技能学习更加自动化的基础。

内隐学习在过程中实现了身体、脑、心理的均衡。技能学习的关键在于身体、脑、心理以及运动技能学习的相关要素产生协调，最终促使动作技能的均衡性达到最优化。如果我们将内隐学习通俗地理解为脑结构的互动，脑机制的工作效率提升，以及机制脑和多元脑在完成运动技能学习时最合理的发展方向，那么内隐学习在均衡身体功能的同时，就应当考虑突显性介入脑机制时产生的刺激是否造成了突显性的问题。不过对于拥有海量细胞的大脑而言，突显性并不能引起大脑的高度关注，它必须以专业化的信息加工机制，将信息传输到身体脑，然后才能形成信息加工的链条。内隐学习针对海马体有一定的画像功能，由于这种画像功能是不可复制的，这就需要工作记忆和长期记忆在脑结构运行中，对多脑进行具体化的陈述。可能这种陈述在身体表征的过程中，无法用语言和文字来认知，但是突显性和新奇性相互融合的信息加工机制，在受到长期记忆和工作记忆的帮助时，对海马体进行了更为详细的画像陈述，也就加快了脑机制在运动技能学习时，用内隐的方式更合理地表征突显性的速度，最终调动脑机制进行思维和辨识。

内隐学习使记忆的拓展与延伸具有合理性。脑机制中存在的记忆并不是一直处于活跃状态，而是随着脑机制接受新奇性和突显性的排序，不断发生变化。脑机制对突显性的认知依靠的是肌肉记忆，对骑自行车的突显性认知要依赖运动量和汗水，对射击运动的认知要依赖声音和视野。所以，这些现象的汲取一方面要通过脑机制在长期记忆中形成的知识积累，另一方面要依赖脑机制的活跃程度和心理表征所形成的特殊语言规律。诚然，这不是我们口头的语言，而是一种处于前额叶皮质活跃状态异常的基因排序和潜在语法。之所以说内隐学习在运动技能学习中是认知的基础，则是因为感知系统在无法表述突显性时，它会以更合理的语言方式处理信息，而后进行加工。加工后的信息则通过额叶传达到颞叶，继而进入多脑结构，最终使运动技能的动作执行。不过这个过程离不开左右半脑的输入和输出功能。生物学界和神经科学对左右半脑分工的争议从未间断。20 世纪 60 年代，西班牙神经学家根据疾病图谱提出了颞叶切除手术。这个手术一度应用了 40 年，被医学界认为是治疗癫痫和精神类疾病的最好方法。到了 90 年代，美国神经学家艾克纳恩·戈德堡才提出了颞叶切除术的弊端，并肯定了颞叶在脑机制加工信息中的作用。运动技能学习也证明了戈德堡的实验,因为颞叶在脑机制的输入和输出方面确实有着"一夫当关"的作用。因而,对内隐学习的探索,还是要从医学界、神经科学、心理学界以及体育界更为细致地对脑输出机制进行研究,更关键的还是要观察内隐学习到底是认知的主体还是感知客体。内隐学习调动了脑机制的多个资源,并对感知性进行了重新排序。考虑到脑细胞的再生功能,内隐学习锻炼了大脑,运动大脑的作用必然带动潜在的工作记忆形成超级记忆,从而为脑机制驱动运动技能学习提供更好的服务。

1.4.3 运动技能与学习的内化模式

运动技能和其学习过程都有一定的内化属性,无法表征的特点和感知行为的隐蔽性对学习内化模式的参照性可以分为两个层面。第一个层面,运动技能和运动学习相关性建立在有效认知和持续模仿的基础上。学习目标和学习内容的深度融合促使运动技能学习更具有活力。第二个层面,运动技能学习的过程是平衡身体、促进脑智力发育的关键所在。从反相关的视角观察,运动技能与学习虽然深度关联,但是对于身体与脑机制的结合,最重要的表现方式和表征形式都要通过语言或者肢体感受来体现,这也就忽视了脑机制与身体结构的内化关系。所以,本书在研究中,将运动技能与学习内化作为运动技能学习二元结构层面更为典型的一种方法。

第一,目标内化。运动技能学习目标具有多元结构,前面在论述运动技能学习内涵时,我们针对运动技能的学习结构进行了阐述,多元结构下的运动学习目标首先是为了锻炼身体,提高身体机能和素质。其次才是为满足职业或竞技的需求。二元及以上结构的目标则涵盖了脑力提升的潜在作用,当然也包括了身心健康这一关键因素。运动目标和学习目标反相关的视角相互适应、相互支配、相互驱动,有效地针对运动技能外延和拓展形成了结构性一致的目标。目标内化的主张对于运动生活化、运动常态化产生的推动,加快了运动技能学习的推广。

第二,诉求内化。运动诉求内化,保留了传统运动技能的发展需要和平行交互的特点。在运动多样性诉求的基础上,身体诉求、脑智力诉求和竞技体育诉求,都不同程度表现出运动技能学习的关联性。从反相关视角观察,运动技能学习诉求与锻炼身体的目标不是唯一的,同时兼顾了脑力发展和改造,又统筹了运动心理发展的诉求目标。为了保证诉求内化的合理性,不断改进学习方式，由身体内部的感知到脑机制感知神经的融合，运动技能学习除了具有对身体平衡感探究的功能之外，对脑神经元也是一种有效的锻炼。因此，诉求内化很大程度上兼顾了学习目标的一致性，还对运动技能学习中的其他要素进行合理的信息加工，促使信息加工诉求由身体转向脑机制，再由脑机制转向身体脑，从而实现了信息交互，也实现了诉求目标的共振。

第三，机制内化。脑机制和运动机制内化，不仅要观察脑机制在运行中对体育脑的驱动和多脑结构的协调，更要关注运动惯性在动作执行机制中的问题处理能力。比如在田径运动中，手与身体平衡应当突破脑机制的影响，以最佳的运动效果和运动方式形成爆发力，以取得优秀的成绩。但是这并不意味着脑机制对身体机能具有协调能力和完全支配能力，因为脑机制和动作执行机制具有一定渊源，毕竟两者的指挥中心都来自脑机制。脑机制工作模式下的多脑结构和身体脑都受到左右半脑分工的影响，其运行机制进行交互与融合才能促使运动技能与学习方式双向平行。

反相关性对运动技能学习存在着辩证分析的合理性。无论学习方式还是运动技能的延伸与内化，身体机理和脑机制在结构上形成了运动技能学习中的辩证逻辑。科学家已经发现：运动对大脑有不可思议的影响力，我们可以确定运动技能与学习方式的同根性是人体结构均衡的基础，即便是脑智力不发达的个体，在运动技能学习层面也可能具有一定的先天性优势。比如我们熟知的天才指挥家舟舟，他的智力水平仅和儿童的水平相当，但是这并不妨碍他成为成绩卓越的指挥家。显然，他所具有的先天性优势并不是来自思维脑和创造脑对肢体的指挥，其运动模式的反相关性决定了运动技能的超常发挥，但由于缺乏逻辑系统驱动，舟舟的这种潜在动作技能优势与脑机制的反相关性体现了脑结构的潜在记忆与学习方式的交互影响。

运动技能学习在疾病图谱的治疗和干预中，体现出来的重大作用不需要大量文字赘述。研究表明：运动不仅对大脑健康有显著的影响，而且运动可以抑制疾病图谱裂变。澳大利亚学者对 20 名产后一年患上抑郁症的女性采取了运动治疗的干预手段。研究结果显示：经常进行有氧运动的妈妈在进行习以为常的动作时，会将运动学习方式嵌入其中，抑郁症的患病率会下降 25%。当然，这并不能排除情绪影响在抑郁症患者身体上所表现出来的困扰。在英格兰的一项调查中发现：在产后 6 周的 1000 名女性中，35%每周进行 3 次以上的有氧运动，不仅有效改善了她们的情绪问题，减去了身体多余脂肪,而且由于参与了多项社交活动,参与实验的女性对母亲角色的胜任度增加,满意度也同时增加了。有规律的锻炼能够排除疾病图谱的干扰,更重要的是疾病图谱对有氧运动这种动态学习的内容增加无法进行干预,也就是说,有氧运动和恰当的学习方法,对身体、脑力和心理都产生了反相关的作用。

出于运用技能和学习的反相关性,辩证逻辑成立。思维方式以运动学习和运动内容的增加塑造了人体对外显学习的抗体。相应地,内隐学习方式由于是心理影响—脑智力—身体平衡感的链式过程,其中大量的运动技能以内隐方式实现了多元共享的学习机制,从而改变了运动技能与学习的内化结构,颠覆了传统的目标内化、诉求内化和机制内化,以效果叠加的方式实现了运动学习的创新。当然运动技能学习的原理也不可能脱离这种创新方式的影响。

1.4.4 运动驱动心智成熟准证据分析

原始的求生欲望会触发激烈的身体反应,这是人类进化留下来的一份永久性礼物。没有它,人类进化就缺少了主角。根据不同的起因,应激反应的范围可以从轻微到剧烈。重度压力之下,被激活的突显性统称为战斗或者逃跑。尽管这是一个复杂的生理现象,但是突显性的演化过程正好是运动的过程,它集合了多种资源来协调身体和大脑,随后把发生的事情变成一种长期记忆。这样,在类似危险发生时,人类就规避了这种突显性带来的压力,其实就是运动对脑机制、心理活动和身体的多重刺激。

只有当突显性以一种严重威胁的姿态进入脑机制时,才能触发控制注意力、经历和记忆的系统,对心理活动的过程产生驱动和支配,进而激起应激反应以及记忆作为参考,也就形成了我们传统认知的心智。科学家在最近几年才开始认识到,并且描述出压力在构成记忆和恢复记忆方面的作用。但是这种理解上的进步,尚不能解释压力为什么以及如何对我们感知世界的方式产生影响。运动具有突显性特征,它可以调动身体内多种强效激素以及大脑内许多神经化学物质,在收到感官传入可能会造成突显性的信号时,刺激“应激按钮”杏仁核产生连锁反应。目前没有证据能够证明这些信息和生存有着明显关系。除了恐惧,杏仁核与任何强烈的情感状态都有关,包括强烈的幸福感和性冲动。杏仁核与大脑的许多部位有着联系,因此一系列广泛的信息输入以后,通过前额叶皮质的高级处理中枢传递,而这些绕过前额叶皮质迂回传递的物质恰恰是突显性对知觉和记忆引起应激反应的关联证据。

至此，主角出场了。运动和突显性犹如孪生兄弟，它们的出场不是为了带给人们恐惧感，也不是为了验证突显性和运动对记忆的合理发散实施控制，而是为了使前额叶皮质传输的信息更精准。

运动本身有一定的主角光环，它的出现不仅是为了对自身的功能进行辩论，更是为了检验运动与心智的相互关系。依旧从反相关的视角观察，运动能否对心智成熟有驱动力呢？这个问题值得商榷，但是并不排除这种可能。

首先，运动与心理、智力的联动逻辑。运动和心理、智力、脑机制以及身体平衡之间的关联性已经很显著。但是从反相关角度探究，运动即便不能为上述的要素形成有效的信息机制，那么负向的激励也是存在的。所以，反相关层面可以得出结论：运动的影响是存在的，无论是对心理还是脑机制，甚至多巴胺和情绪。有氧运动增量，对关联要素产生的影响是正向的，即便从负向激励方面，这种影响依旧存在。那么就可以肯定运动在身体、脑与心理运行中的逻辑关系。可以将这种逻辑关系理解成目标内化，但是运动中由于技能的缺失，特别是技能学习的缺位，目标内化则与运动技能学习构成了辩证关系，而不具有明显的推动优势。这恰恰证明了运动技能学习对身体的改造作用和保健作用，尤其是在大脑和心理活动过程中。

其次，运动与心智的融合辩证演化。从运动心理学的角度分析，对于运动技能学习和心理感知，从智力驱动和脑结构延伸的方向可以看出，多脑结构改善了脑机制的运行方式和效率。多脑结构本身就是脑机制的融合，受到身体突显性的信号影响，脑机制的集思广益，促进了多脑结构在辩证中的多项融合。简单的融合并不能有效改善脑机制的思维方式，对运动技能的吸纳力也不会非常理想。所以，要促进运动与脑、身、心深度融合，保证对它们的有效驱动，唯一的路径就是要以突显性形成一种技能的方式，并以巩固学习的形态介入脑机制的运行中。

再次，运动与心智的协调统一。运动与心智统一的概念是在长期的运动实践中得出的。任何一个专业素养强的运动员，个体素质都很强，无论是心理能力、智力水平还是身体平衡感，都要超越常人。从反相关角度看，运动与心理、智力、身体产生的协调统一是正负向激励的辩证结果，也是基于大量的运动学习中形成的。不过，由于运动学习方式的差异，运动员动作完善和自动化层面的差异受到个体能力的影响。但是同样的，脑身心以链式管理的方式，实现了运动对参与运动技能学习的各个要素的有效驱动，最终达到趋同。

最后，运动与心智的反相关叠加。当我们还在惊叹为什么一名超级运动员能够在娱乐圈风生水起，为什么一名成绩卓著的运动员，除了身体素质较好以外，综合素质也非常好时，诚然，我们在理论层面无法提供新的证据来证明对这一现象的探讨有多么科学。但是，从准证据的层面可以看出，心理与智力，脑机制与运动机制形成的叠加模式则会加快人的心智成熟的速度，做好一件事情并不需要多少天赋，只要注意力、智力和记忆力能够对称，那么人的潜能会左右着他做出许多意想不到的事情。

运动技能内隐学习从理论到实践，首先明确了内隐学习的价值所在，援引了相关研究成果，对内隐学习的、二元及以上结构进行了探索，从认知层面比较了外显学习和内隐学习的差异，再从差异化认知层面实现了学习模式的差异化比较。其次，从内隐学习可塑性方面分析了运动技能学习中，运动对脑身心的影响，特别指出隐喻性的关键作用。虽然不能完全肯定内隐学习是运动技能学习的唯一方式和方向，但是作为一种可塑性较强的方法，内隐学习已经成为运动技能学习未来的发展趋势，对运动技能学习的理论迁徙给出了一定的依据。再次，根据运动技能学习机制的研究，肯定了运动技能学习过程中，内隐学习的核心价值和核心优势，突出了运动技能内隐学习理论的主导地位，消解了一定的理论假说带给研究的负面影响，从而肯定了内隐学习的实施方式与主要框架。最后，从反相关方面探索了运动技能内隐学习的辩证逻辑。从反相关视角，比较了外显学习和内隐学习的差异，也探究了反相关机制下运动技能学习的实际效果和核心价值，对进一步的实践研究做出了大量贡献。

2 内隐学习机制结构的重新塑造

2.1 内隐学习机制的格式塔内涵

格式塔结构以实际存在的事物的本质，体现了运动技能内隐学习的目标分解。首先是改变过程与内容。内隐学习的目标设定不是单纯满足竞技体育的需求，也不仅仅是大专院校的课程安排和脚本安排，更不是基于效益与文化层面的运动范式，而是要促使人快乐起来，要确保体育对脑身心的健康保驾护航。其次是目标期许。由于内隐学习方式并不具有专属性，所以，期许目标只能建立在运动技能学习范式层面，对内容的本质和过程的质量进行控制。再次是默许。基于运动学习的发展态势观察，默许来源于脑机制的认同，并贯穿结构脑和多脑结构，从而也导致动作技能惯性对学习结构产生影响。最后是内隐学习脑机制和肢体的深度融合方式的构建。这种格式塔的结构类似于企业管理中的钻石理论或金字塔理论，原理相似，但是内容的塑造和构建则有区别。

2.1.1 内隐学习改变过程与内容

运动技能内隐学习以物理驱动的方式改变了学习的内容和过程，较为隐蔽、私密的学习过程内化了学习的结果，对运动技能学习的质量提升和过程的动态化描述产生的作用是不可替代的。任何方式的运用都是由神经网络介入开始，产生一连串的信号传导。信号传递过程中，学习方式对运动技能的表现质量和表现形态加以矫正，并自觉形成自动化的动作。

有氧运动是长效过程，也是记忆的基础。突显性通过感觉神经元对脑神经元造成的压力，形成一种接近性目标，这种目标的相关性或者是反相关性都能在运动技能学习中对动作要领和动作技巧产生协同，尽管由于身体运动偏好的影响，可能形成错误的动作，不过这并不影响动作技能学习的本质。其实，不管是错误的还是正确的运动方式，它所形成的运动记忆就是对学习机制的改善。如果传统外显学习是将运动记忆集合起来，对海马体造成一定的干预，那么外显学习也会快速地通过海马体传递错误的信号，错误信号的加工最终产生的结果就是动作技能学习的偏差。当然，这种偏差不会是长期记忆，也不可能是超级记忆，只是基于短期记忆的海马体神经元兴奋性提升到一定阶段，动作惯性会对这种记忆造成紊乱。也正是这样的情况，学习内容则需要重塑，甚至需要架构全新的学习内容和过程。

假设，内隐学习是集体智慧，它的适应性并没有前额叶皮质的好坏之分，少量的皮质醇促进记忆形成，海马体为记忆提供时间、地点、事件和方式背景，而杏仁核则提供学习的内容，也就是突显性。那么，在前额叶皮质的指挥下，海马体会比较各种记忆，这就形成了内隐学习的差异化。为了满足学习条件的对称性，也为了促进脑机制对运动细胞的激活，内隐学习不得已只能采用增加记忆容量和内容的方法，形成运动技能学习新的记忆内容和路径。

田径运动中，剧烈的奔跑看起来似乎和感知神经和系统认知神经的关联不是很强，甚至有人将跑步理解成是头脑简单，四肢发达的运动。在这里我们先不论述头脑简单和四肢发达的逻辑关系。就内隐学习而言，以跑步运动为参照，内隐学习对运动的过程和内容有以下改变。

第一，更加集中注意力。跑步本来是可以实现思维迁徙的，但是跑步的过程中，如果运动的隐喻性作用发挥出来，运动员会产生竞技性的惊恐情绪，保持焦虑状态的运动练习者可能会把注意力迁徙到脑机制，伴随着心理活跃程度，脑机制会以超级记忆的形式对运动技能和技巧进行支配，从而提升了运动员的专注力，让他们更好地完成任务。

第二，缓解肌肉紧张。运动具有肌肉循环的作用，焦虑水平越高，肌肉的紧张程度就越高。肌肉以信号的方式对神经元产生刺激，在跑步中，运动员肌肉张力的缓解可以减少焦虑，加快运动进程中的内容重构。赫伯特·德·佛利斯提出了有名的运动镇静作用理论，这一理论在身体感知方面完全替代了内隐学习的内涵发展方式，使肌肉的张力与运动员张力产生关联，以反相关的方式促进两者融合，以意识感知的作用为驱导，对运动技能学习的内容进行甄别,并实施控制。

第三,增加大脑资源。内隐学习是什么?回答这个问题的关键在于了解内隐学习是认知系统,更是感知行为与神经元的连接。大脑中的资源是海量的,这一点毋庸置疑。不过大脑资源需要开发,既然需要开发,就需要合理的方法。内隐学习只不过是驱动神经元对海马体实施刺激,并不能完全直接解决海马体与肾上腺的矛盾。因而,对于海马体在记忆真空的条件下,内隐学习对认知方式的连接,拓宽了运动技能的学习内容,由动作迁徙到动作抑制,再到动作完成,其中大量的脑资源协同完成学习,其首要条件就是共性认知。内隐学习的改变就在于认知系统的连接和脑回路的释放,从稳定的层面观察,内隐学习认知增加了脑源性神经因子的营养。

第四,充实学习内容。内隐学习虽然是隐蔽的,来源于感知系统的支持,但是并不意味着学习内容安排就能适应内隐学习。运动技能学习当然不仅只是动作层面,更多需要通过心理抑制、行为控制、思维表述和专业化的语言形成。所以,学习内容的补充,一方面是为了满足运动技能学习和巩固中与身体脑和结构脑的协同条件;另一方面是要求学习者学会创造性地认识和理解不同事物的差异化。内隐学习较外显学习而言,更具有主动性,而且善于将动作内容和隐喻性联系起来,以场景创设和场景影响的方式对学习内容进行重构。

内隐学习不是孤立的,也不是随意的。内隐学习连接认知神经,为海马体输送有效信息。在此基础上,内隐学习在锻炼中具有有意识锻炼的作用机理,对运动机能学内容的结构性安排进行更新。个体差异下,对于运动练习者适合什么样的项目,适合什么样的场景,内隐学习不仅要改变过程,而且要参与改变,对内容安排和学习方式的结构实现重塑。改变的本质一方面是合理性,另一方面是接近性。当然,学习机制下的内隐方式是对运动技能学习的底层架构,只有实现了底层架构的合理性,更高层级才能具有发展潜力,这就好比盖高楼打地基。运动技能内隐学习更像是施工项目的监理员,学习内容与路径设计、规划全部掌握在手上。因此,内隐学习机制的结构性重塑具有广泛的价值和现实意义。

2.1.2 内隐学习的特殊期望和运动内涵

出于心理、智力、脑机制、神经元、个体脑以及多脑结构的需要,内隐学习的目标指向具有特殊期望和运动内涵。所谓的特殊期望,也可以理解成期许目标。在运动技能学习过程中,特殊期望并不能单纯理解成运动技能的实现目标,只不过通过目标关联性就能驱动内隐学习在特定的隐喻性下,对运动内涵发展赋能。诚然,这个过程是漫长的,甚至在很大程度上,需要来自各学科的准证据来佐证。

内隐学习驱动特殊期望和运动内涵是两个层面的内容,这两个层面在内容上具有差别,在结构上有所趋同,在功能上都是围绕运动技能的提升。因此,从研究的视角看,将内隐学习的特殊期望和运动内涵定义为格式塔的中间位置,其寓意不言自明。特殊期望和运动内涵是运动技能学习的基础,运动技能在完善动作和动作自动化的结构之外,任何过渡的安排都会影响内隐学习机制的合理性。

在运动技能学习中,我们往往将意外获得和技能创新当作是特殊期望。学生在体育课上学会各种社交技能时,这种特殊的目标结构改善了运动技能的内涵,也有效提升了体育课的效率。不过,内隐学习机制下的运动技能学习在运动过程中,还准备了更为丰厚的"礼物"。约翰·瑞迪在其论著中对内珀维尔的体育课进行了实验。实验表明:学生在体育课上跑 1600 米,实际上是为了其他课程做准备,运动提高了理解能力,增强了注意力,提高了兴致,减少了焦虑和不安,让校园生活更加充满激情和活力。正是这个论述证明了内隐学习的信息吸收系统能促使运动技能学习为大脑的健康做好准备,提高大脑处理新信息的潜能。

当我们还在观察运动技能内隐学习与环境之间的关系时,神经学家戈麦斯·皮尼利亚用小白鼠已经证明了运动有助于大脑学习。本身而言,大脑学习依赖感知系统对神经元信号机制、信号机制的完善和改建,对信息加工实现了正向驱动。基于这样一种理念,内隐学习对记忆形成方面起到了积极的作用,因此它也成了学习的关键因素。内隐学习并不会达到一定程度就自动停下来,主动中断新神经回路。学习是前额叶皮质指导、许多区域共同参与的过程,学习时必须意识到进入的刺激,随后把它放在工作记忆里,给予情感上的高度重视,并把它和过去的经历相关联,把整个信息与海马体联系起来。前额叶皮质会分析并确定信息顺序,然后把所有学习内容联系在一起。前额叶皮质与小脑及基底核共同合作,保证信息往返的节奏,确保这些功能正常发挥。提高海马体的可塑性,可以巩固这条信息链中的关键环节,使学习目标的关联性在整个大脑中产生更高浓度、更健康、更顺畅的神经元。建立的神经网络越丰富,学习起来也就越简单,也就形成了日益复杂的思维能力基础,我们可以将它理解为内隐学习运动技能中的思维基础。当明确了运动技能学习的思维基础,这一点无疑是内隐学习的特殊期望,它与运动内隐学习形成呼应,完成了整个学习内容的重新架构,也较为合理地嵌入了内隐学习方式。

运动技能内隐学习与运动内涵的联系建立在学习方式优化的基础上。在前面我们已经不止一次地强调了脑机制环境优化的作用,运动内隐学习虽然不能针对运动技能、技巧和身体惯性实现意识控制,但是长期的内隐性对感知系统的同化可以突出身体运动惯性的偏差以及错误。在持续动态跟踪中,运动技能内隐学习反复地对动作技能进行内化控制和目标控制。运动技能内隐学习由身体控制到心理控制,再到智力控制,对运动具有绝对的协调能力,促进了复杂条件下思维能力的增益性提升。另外,运动技能内隐学习主张多元参与的运动过程。而传统外显学习将运动参与定义为肢体、肌肉、身体平衡感以及心理局部参与,当然也存在一定的思维能力培养。虽然这种学习方式与运动内涵有很大差距,但是也要勉为其难地接受这样一种理念,毕竟外显学习方式是从控制意识的角度对肢体和肌肉进行管理,而不能实现智力驱动。心理活跃程度尽管对运动技能学习存在一定的支配,不过这种支配并不能完全释放出来,形成运动技能改善的有力屏障。

内隐学习凭借运动激活交感神经系统,运动练习者在摆脱焦虑的困境时,杏仁核对动作失控的阻力越发明显。当运动达到一定阶段时,内隐学习以内隐的方式沿着杏仁核的另外一条路径传递信息。由此,在学习中,运动内涵可以增益为一种神经回路的变更,实现了运动技能学习目标的同时,所有的脑机制参与运动,充分体现了多脑结构的作用,更直接地诱发了神经元对动作技能的一次集体学习。内隐学习机制对运动内涵的诠释其实并不仅仅停留在运动的方式和学习的结构,更主要的驱动则体现在运动的自觉需求。我们经常会看到一些肥胖患者为了减轻体重增加运动量,当大量运动后,体重并没减轻时,不禁会问"我的运动量应该是多少?"其实这个问题并不难回答。麦哈卡尔·特里维迪的研究表明:运动量的多少并不是关键。我们应当考察的是,运动脑和身体脑对运动的需求有多少,这才是最重要的。含糊混淆的答案可能太多,内隐学习机制则可以根据身体脑的结构,对运动脑、身体脑以及思维脑等多脑结构进行审验,最终在凸显运动内涵的情况下,进行运动量目标的解构,也在激励运动练习者时,对运动学习做出合理规划。

2.1.3 内隐学习默认对标运动技能惯性

内隐学习在运动技能学习中,能系统地感知学习目标,通过目标构建,实现了对标参照。当运动技能产生身体惯性时,内隐学习方式则以意识感对动作惯性进行补救(见图 2-1)。

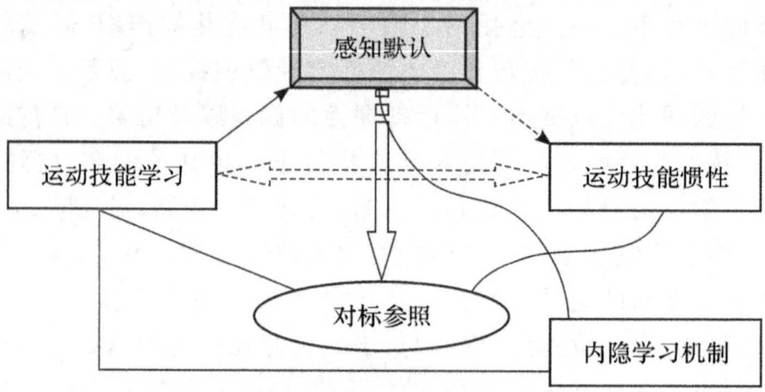

图 2-1 运动技能内隐学习默认机制协调运动技能惯性模型

运动学习的过程本身就是不断改进和完善的过程,由于内隐学习在神经元感知系统中具有低层级框架作用,它对运动技能学习中的各种弊端能够产生协调作用。图 2-1 中表明,运动技能学习中,运动对标参照则是以外显学习和内隐学习的过程比较,对运动技能惯性产生一定的协调作用。动作惯性存在风险,而且具有偏好,所以在感知系统中,神经元默认机制对运动技能惯性的发现能力不足,一旦发生动作惯性的行为,运动技能内隐学习机制是无法改变学习过程的,很多体育项目中存在这一目标过程。比如:在棒球接发球、排球接发球和台球的杆法使用中,动作惯性对默认机制造成了压力,且神经元和海马体会默认运动的习惯性,神经元将错误信号传递给脑机制,脑机制不可能从拥趸的记忆排序中发现动作惯性的危害性。显然,这种动作惯性促使学习内容和学习技巧形成了特定的运行机制,足以影响整个动作的完成。

从学习机制的结构重构方面分析,运动技能默认机制是介于外显学习和内隐学习之间,感知默认通过突显性的信号发散,实施了错误判断,影响了动作,甚至最终结果。如果改变这个过程,则需要关注以下几个方面。

第一,感知默认在内隐学习机制中的优化。感知系统优化并不简单,甚至有些复杂。当身体脑接触到运动技能的突显性时,运动惯性已经产生,技能控制并不可能进行补救，多脑结构在这个时候束手无策。左右半脑的“中间人”——额叶与颞叶以自动化的方式将信息传达到目标，动作不受技能安排和影响，动作惯性会激发错误的回忆，对脑回路记忆状态造成干预。内隐学习的最初感知，不以神经元的判断为方向，并且随着脑机制的网络神经元不断产生最优安排，可以将感知单独进行信息加工，运动技能惯性因而可以得到有效控制，默认机制会终止默认。这其中需要场景创设、隐喻性作用、意识感控制和海马体的重新识别，因此，复杂语境下的内隐学习机制在运动技能学习中对神经元网络的识别能力重构的不是脑机制，而是感知行为和初步认知。

第二，感知默认与对标参照的互动。感知默认是神经元、海马体以及前额叶皮质和颞叶公共的工作空间，系统实现感知默认需要比较工作记忆和长期记忆的差别。而对标参照是比较了运动技能外显学习和内隐学习机制的差异后形成的自动化参照。与感知默认不同的是，对标参照具有协调功能，而不能做出决策。运动技能实现过程中，身体惯性会导致动作惯性。动作融合运动技能形成的运动技能惯性，既不在对标参照系统内也不在感知默认系统内。所以，鉴于内隐性学习机制的初步感知得到优化，经过对标参照的有效识别，运动技能惯性的改善必须要由两者结合形成决策。这也就说明，脑机制神经元在内隐学习方式中单独做出决策时，除了结构脑以外，还有一定的决策辅助组织。两者产生互动，对运动技能惯性的负面影响才能得到遏制。

第三，感知默认的间隙性卡顿与对标参照的功能补充。内隐学习方式并不是一蹴而就的，特别是运动技能学习中，内隐学习方式并不能控制动作，也不对身体平衡感做出任何评价，无非是通过信息传输判断动作惯性的预判是否正确，动作是否执行。最终进行决策的依旧是感知默认。感知默认有时候就好比是一台破旧的电脑，在处理海量信息时会卡顿，甚至死机。如果按照神经学家的说法，就是颞叶“溜号”了，习惯性地将信息传输到了结构脑。结构脑做出的判断再次通过“偷懒”的颞叶传输到了认知系统，海马体在与对标参照进行比较时，自然会发现动作惯性鱼目混珠。其实，说到底，运动技能内隐学习中，动作惯性受到技能影响，形成动作技能惯性，并不是一发不可收拾的。相反在感知默认系统与对标参照实现快乐功能互补时，运动技能惯性会得到有效纠偏。

假设一旦发生运动技能惯性，内隐学习机制在运动技能改进中，会改变默认机制的作用，并通过对标参照对动作技能实现记忆比较，以记忆模式的驱动转化为超级记忆。这种情况下,运动练习者除了能够纠偏动作以外,还能以再投入的认知模式对运动惯性实施消解。不过,这个过程一般来说都有一定的风险,尤其是再投入的风险不仅会改变运动技能范式,也会促进学习目标在脑神经元的记忆痕迹变化,必然影响内隐学习机制的重构。

基于格式塔的框架,内隐学习对感知默认和动作惯性的补充和管理过渡,体现出了学习机制重构的角色安排和胜任力考察,也更直接地反映了内隐学习机制的优越性。当然,前提条件是有足够有效的参照对标作为基础,这才是改善运动技能惯性的有效方法。

2.1.4 内隐学习对脑机制和肢体的潜移默化

运动技能内隐学习是生态化的,基本符合运动发展规律,也符合脑机制的运行规律。多脑结构在运动技能学习中各司其职,虽然不能针对每个动作的自动化水平进行监督和控制,但是一致性的诉求目标强调了脑机制在运动中的均衡业态。脑机制包括了身体脑、运动脑、体育脑和思维脑。当诸多脑结构共同参与运动技能学习时,左半脑作为最高级别的肢体运动指挥中枢,对嵌入式的内隐学习机制也是生态的。

内隐学习主张感知行为的驱动能力,对感知默认的有限支持既表现出对外显学习的关注,同时也对肢体神经元有一种前所未有的信任感。探索运动技能内隐学习对脑机制和肢体的共振影响,既要考虑内隐学习机制的规律性和生态性,还应当考虑内隐学习机制嵌入结构对脑身心的潜在影响。我们暂且将这种潜在影响定义为潜移默化(见图 2-2)。

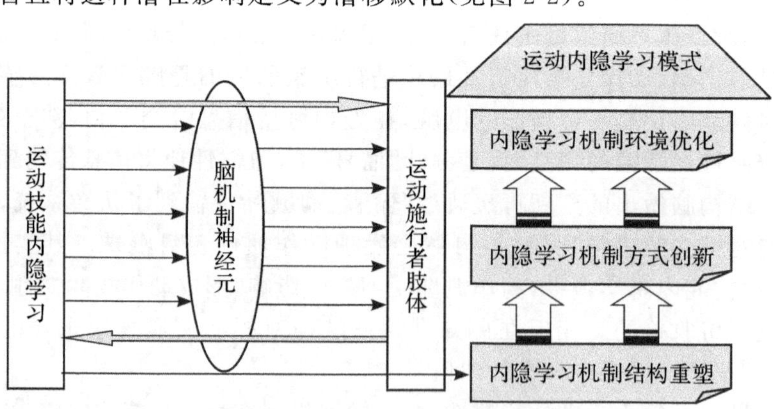

图 2-2 运动技能内隐学习格式塔模型

在运动技能学习中，内隐学习机制对脑机制的神经元具有潜意识的感知默认和相应的传导作用，对运动的施行者的肢体也存在记忆叠加和感知影响。观察内隐学习机制对脑机制和肢体的潜移默化，在图 2-2 中可以发现：运动技能内隐学习配合脑神经元、肢体感知和执行会产生一定系统性，在平行的基础上，实现了格式塔的理论导向。

运动技能内隐学习对脑机制神经元的潜在传导涵盖了五个层系。第一，内隐学习机制创造性与脑机制创造性产生协同。内隐学习机制对应脑机制神经元的创造性，又分别对应信息加工机制和信息传输机制以及突显性转变创造性的过程。创造性决定了脑机制神经元对运动技能的一贯表现存在感知默认，但是又不能完全适配和驱动，充分发挥感知默认的神经网络对运动技能学习方式的创造性，应当考虑内隐学习机制与脑结构的协调，并保持创造性的耦合。第二，内隐学习机制与脑机制的信息系统吻合。内隐学习机制对信息的加工，与脑机制神经元的信息吸收和处理呈正向处理方式，对信息的传输和信息的识别，依靠内隐方式，最终提升了信息处理的效率。第三，内隐学习机制排序与脑组织排序接近。内隐学习机制排序将信息、动作突显性、新奇性、创造性和执行统筹为一个简单的系统，脑神经元对对应的前额叶皮质、颞叶、创造脑和运动脑也进行了排序，排序能够适应内隐学习机制的工作方式。第四，内隐学习机制稳定性与思维脑黏性增强。内隐学习机制具备稳定性和高效运行的特征，而脑机制中的思维脑协同多脑结构完成了学习能力的培养。运动技能学习中，思维脑的融合促使结构脑对神经元的创造性开发，从而满足了运动技能学习的内隐要求。第五，内隐学习机制与脑机制学习目标一致性。前面我们已经论述了运动对大脑的作用，在目标范畴内，运动不仅改善了脑健康的状况，而且从脑科学层面与内隐学习机制建立了一致性的学习目标。

运动技能内隐学习机制通过对脑机制的影响，围绕运动技能的实施主体——肢体又具备了五个层面的潜在传导。第一，运动脑对肢体的指挥。运动脑虽然是内隐性学习机制中提出来的证据，但是运动脑会伴随着信息加工而转为执行。这种执行模式看起来简单，实际上运动脑对肢体的潜在影响是最大的。相对而言，肢体受到脑机制的驱动 80%以上都来自于运动脑。第二，思维脑对运动技能学习的辩证思维存在潜在影响。一个动作的完成，需要多重思维，更需要来自思维方式的统筹安排。当运动脑和思维脑形成决策时，肢体的意识感就会受到脑机制的控制，所完成动作的机械性或者自动化取决于多脑结构的决策优化程度。第三，创新脑对肢体的创造性覆盖。有新奇性和突显性的介入，多脑结构中的创造脑虽然不能对内隐学习机制中的感知行为和默认系统进行驱动和支配，但是创造脑以多脑结构的方式，传递了创造性的动作技巧，肢体收到信息后，改善动作，完成创新。第四，身体脑对身体平衡感的抑制。身体脑具有平衡作用，同样，身体脑执行动作技能和运动技巧，最终促使脑机制在运动中实现多结构的共振。第五，脑机制运行效率对肢体动作效率的兼顾。脑机制包含了所有结构脑。在运动技能学习中，脑机制要对肢体进行控制，还要对动作风险进行识别，更要考察动作的自动化程度，所以脑机制在这一系列环节中的重要作用是运动技能内隐学习机制创新的关键节点。

集内隐学习机制重塑、内隐学习结构创新和内隐学习机制环境优化为一体的运动技能内隐学习模式的格式塔模型的构建，正向相关和反相关两个视角都具备了潜移默化的功能。所以，运动技能内隐学习机制改进的不是运动技能本身，而是学习方式和驱动方式，更合理的结构布局对学习质量的控制和动作的自动化都不无裨益。

2.2 内隐学习稳定性描述和反馈

2.2.1 运动内隐学习的情绪流露

情绪、汗水、多巴胺、内啡肽这些关键词在运动技能内隐学习机制中虽然算不上抢眼，但一定是有热度的。神经学家威廉·格里诺提出：脑机制神经元的环境优化对大脑健康具有积极的意义。格里诺的观点的意义并不在于阐述了脑神经元的运动本质，也不在于运动对人的情绪有直接影响，而是运用脑神经学科的排序对脑机制神经元的稳定性进行了检验。如果检验运动技能学习带给脑神经机制的不稳定表征发现，情绪就算一个。

运动技能学习中，情绪爆发会刺激多巴胺，其转而成为运动技能内隐学习的认知冲动或者执行的误区。关于情绪抑制，神经学家、医学家、生物学家和心理学家在这方面的研究很多。国外早在 20 世纪 60 年代就开始进行研究，发现情绪稳定是运动最好的环境。所以，情绪流露与运动内隐学习条件对称，也构成了运动技能学习的神经元的风险图谱。

情绪在运动学习中，虽然不是主角，也不具有主角光环，但是情绪类似一部电影的制片人。它的状态不好必然会影响结果，不管是运动技能学习还是运动技能惯性，都随着情绪的宣泄方式表现出来。所以，在这一节的研究中，本书专门提出了情绪流露这样一个有些故弄玄虚的术语。

情绪爆发必然导致运动技能学习行为失控，然而情绪和汗水、多巴胺，甚至荷尔蒙一样，有自身的表征方式，基于表征方式差异化，情绪控制在运动技能学习中的关键作用可见一斑 。比莉·菲茨伯特里克在《锻炼改造大脑》一书中将运动中的情绪比喻成融合了技巧、技能和技术的综合体，在基于内隐学习范式的框架中，情绪稳定成了维持学习机制稳定性的主要元素。

运动技能内隐学习的稳定性存在隐喻性，场景设定、运动结构创新、运动技巧把控、运动范式优化和运动成果检验，以不同方式和不同驱动力实现了对运动练习者的情绪控制的检验。不过，运动技能学习中，以心理隐喻和感知隐喻促使情绪控制成为运动技能学习的主要内容。

运动中，汗水的新陈代谢、多巴胺带来的恐惧与压力、内啡肽产生的超级活性，以情绪发泄的方式创新了运动内涵的趋同化发展。运动心理学家在研究中发现：情绪与汗水、多巴胺、内啡肽之间的微妙关系，有利于控制运动技能学习，尤其是突显性记忆转化为工作记忆时，情绪与其他节点的生态被破坏，生态化语境下的情绪控制则需要更恰当的方式流露出来，而不是爆发。神经学家斯科维尔在一项实验中，将情绪控制与情绪流露做了对照分析。结果表明，在运动以后，情绪控制能力越强的被试越会形成一定爆发力，这种爆发力以特殊的传导方式，对身体的运用技巧和疾病因素进行不断挑衅，从而以控制力和情感关注作为情绪的健康维度的衡量标准。同样，情绪流露虽然不具有较强的爆发力，但可以说明学习方式的内隐机制在中间发挥了作用，情绪抑制是学习的内容，运动技能无非是寄生于神经元的一种情绪载体，无论怎么刺激都不能消除情绪高涨对运动技能惯性造成的负面影响。

如果探索情绪与运动的关系，不妨从运动对情绪控制的视角考察。运动以生态的方式对身体各项机能产生了合理驱动与诱导，运动技能学习则调动了脑机制神经元的所有要素参与运动学习。运动技能涵盖了技术和能力，相对而言，控制情绪既是技术又是个体能力问题。显然，我们很容易就将运动、脑、心理、智力和多巴胺、内啡肽以及汗水联系起来，这个链条上的运动感知行为要实现正向的技能驱动，形成合理的运动结构和学习方式就显得至关重要。因此,探索情绪流露与运动之间的内在联系,则要借助学习机制的技术惯性和运动吸纳能力对情绪的考察。

其实,我们根本不用怀疑情绪稳定性与运动内隐学习机制稳定性之间的辩证逻辑,所有的运动技能学习在内隐学习机制下,都要依赖情绪、兴趣、习惯和偏好来完成。情绪控制成为关键指标的同时,对于如何处理情绪高涨的爆发力,内隐学习的感知、认知和认知元素排序对情绪控制尽管具有一定的作用,但效果不明显。显而易见,情绪不稳定是造成内隐学习机制不稳定的"元凶",要想遏制情绪爆发带给内隐学习机制的不良影响,一方面要在脑机制中,以多结构脑的中枢控制作用,对情绪实现有效抑制,促进由情绪爆发转向情绪流露。另一方面要考察情绪爆发的原因,情绪爆发的隐喻性是一个节点,精神类疾病也是最大的"帮凶"。运动过后,内啡肽和多巴胺就成了抑制情绪的"克星"。处理情绪稳定与学习机制稳定的相互关系,内隐学习内容的补充要实现内隐方式对情绪表征的识别,情绪控制的相关联要素的反相关性也具有很明显的优势。这就加深了学习的复杂性,同样也将运动技能内隐学习的优势展现出来了。情绪控制不仅是运动过程的主角,也是内隐学习机制的主角,考虑到其主角光环,如果干脆将情绪排除在运动技能内隐学习的机制之外,所有的动作技能就无法完成,好像是撑竿跳高的运动员没有撑竿一样,即便再生态的脑机制、再优化的运用能力,都于事无补。情绪控制和情绪爆发是孪生兄弟,它们好比是戏剧中的红脸与黑脸,处理它们之间的矛盾,唯一的路径就是优化学习方式,补充学习内容,也就有效地创新了运动技能内隐学习机制的深刻内涵。

2.2.2 运动技能控制力输入和输出

运动技能由生成到完成,整个过程必须要依赖控制力维系,控制力稳定对内隐学习机制稳定性的超级活性是任何要素无法替代的。尤其是在运动技能学习中,控制力的输入和输出始终是运动技能学习加固的模式。内隐学习机制下的运动技能的控制力输出和输入没有明显的表征特点,也就是说,人类无法用语言来描述整个过程。尽管外显学习将控制力的输入和输出简单地归集到左半脑,不过,从脑科学角度观察,任何外显性能够表征的突显性都是先进入左半脑,而后进入右半脑,右半脑经过信息加工和机制改善,将信息再次传送到左半脑,然后进入肢体神经中枢指挥中心,这样动作技能的生成就大功告成了。但是内隐学习机制对无法表征的控制力显然只能停留在认知层面，如果想要激发其活力，促使控制力在运动技能学习中产生连贯性影响，也许只有探究其内核才可以。

动作技能控制力并不神秘，大家都知道任何运动技能的完成与个体的控制力是完全分不开的。可是人类又不知道控制力是如何表征的，如何进入脑机制与身体的信息通道。假如我们从脑机制的稳定性与内隐学习机制的稳定性的双关性层面去解读这个问题，似乎更加科学一些。

首先，控制力输入并不神秘。控制力活跃在身体结构，并以突显性的方式进入脑结构，而后通过多个脑细胞对海马体实现迂回时式“包抄”。控制力在这个过程中，确实不是“隔山打牛”，它之所以活跃在脑结构中，不是要找机会“作案”，而是因为它不适应身体脑的机制，也不适应体育脑的机制，更不适应多脑机制神经元的繁杂排序。控制力认为在运动技能学习中，自己就是主导，没有它，任何动作只能是镜花水月。因此高傲的控制力如幽灵般出没在脑机制神经元的群体中，不支持任何学习方式。从真正意义上观察，此时的控制力尽管徘徊在脑机制神经元的周围，如果一旦丧失运动技能学习这一载体，它什么都不是，这也许正是内隐学习机制对控制力的定义。当然控制力想要摇身一变，没有内隐学习机制也是极其不现实的。毕竟控制力真实存在，只对运动及技能学习起作用。

其次，控制力输入是运动技能竞争合作的一种中介模式。运动完成需要身体机能的多项竞争，当然也存在合理的深度合作。内隐学习机制和外显学习的区别恰恰就是外显学习是单打独斗，而内隐学习是群策群力。合作模式下的控制力如同企业的 CEO，只不过是更高级的第三方。运动中，第三方角色的控制力以一种中介的形式出现，为运动技能的学习和结果赋能，创造性地完成了动作执行的标准化和自动化。内隐学习稳定性中，控制力是整个运动语境下的中转站。它会自觉对脑机制神经元开展服务，为神经元的信息供给和加工提供相应的工作，它能够赋能动作技能完成和执行。无论是脑神经元的供给，还是对身体结构的赋能，控制力最终实现了输入，但这个过程缺乏相关理论证据。如果从神经科学的实验观察，不难发现，这一推论具有的科学价值远远超越了运动技能学习的本身。神经学家米尔纳在神经控制学说中提出，精神分裂和双相障碍会对人体控制力产生影响，控制力如果没有良好的环境，它是不可能完成信息输入的，也就不能对内隐学习机制赋能和产生影响。

最后，跨运动学习内容视角的控制力输出范式。如果说，前面的过程中,控制力显得有些多余,那么在运动技能结果重构后的输出模式中,控制力就真的是“一夫当关,万夫莫开”了。在运动技能实践中,控制力形成的输出系统对情绪、肢体、肌肉和记忆实现了同一性管控。对于控制力驱动下从运动技能学习到实践的连贯性过程,控制力的创造性、效率性和优化模式属性将会发挥得淋漓尽致。当然在这个过程中,控制力不仅实现了动作技能的平衡感和稳定性,也实现了对运动技能学习方式的全面赋能,创新了运动技能内隐学习机制稳定性的合理模式(见图 2-3)。

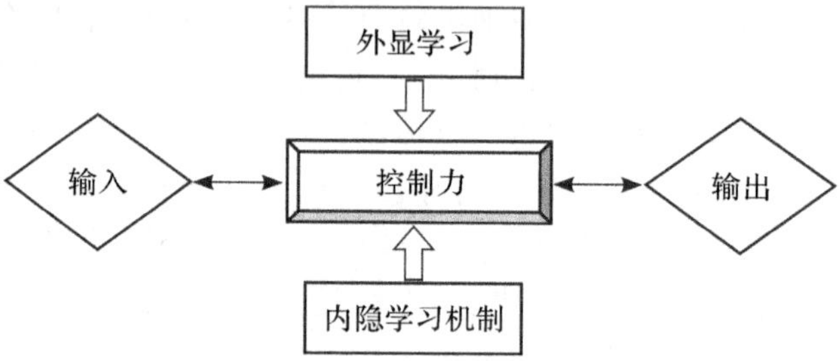

图 2-3 跨运动学习内容内容视角控制力输出模型

为满足运动技能内隐学习重构的需求,控制力在输入和输出方面,一方面实现了信息加工参与、信息输送参与。以第三方的形式出现在运动技能学习中,其赋能运动技能学习的作用一目了然。另一方面输出方面控制力赋能动作技能,对整个运动过程的稳定性实现了驱动,并对内隐学习机制的稳定性也贡献了力量。相比较而言,控制的输入和输出是内化过程,目标管理下的控制力输入或者输出都是受到外力影响下的自动化过程,只不过要通过有效的学习方式来撬动“不务正业”的控制力,这并不是外显学习方式能够胜任的。所以,控制力与运动技能内隐学习不仅仅是稳定性支撑的逻辑关系,更是一种共生机制。

2.2.3 意识感与运动创造力和爆发力的辩证关系

意识感和运动创造力本身不属于一个范畴,运动技能内隐学习中,两者虽然不在一个层系,但是通过辩证思维逻辑关系可以得出结论:意识感是脑机制与内隐学习方式对运动技能学习的赋能。意识感转而成为运动常态,常态下的运动技能创造力受到脑机制神经元的诱导,加上情绪爆发得到抑制后形成情绪流露,运动创造力和爆发力必然支撑运动内隐学习机制全过程,并以动态方式对运动技能进行控制和优化。

意识感、创造力和爆发力呈三角关系，这种关系是稳定的，对于运动技能内隐学习机制而言，这种三角关系能产生相互制衡、相互影响的作用(见图 2-4)。

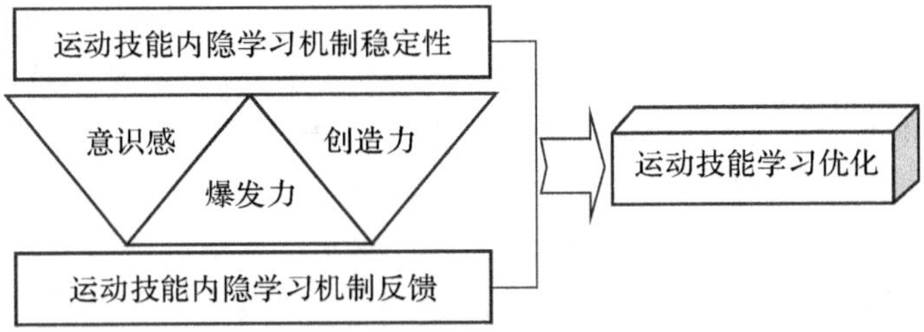

图 2-4　基于稳定性条件下的制衡模型

加州大学著名神经科学教授玛丽安·戴蒙德率先对大脑的各个部分进行了解构，发现脑机制中认知功能、海马体和突触点有着神秘的交流，以细胞体构成的轴突形成了运动技能驱动的“分水岭”。三者之间的互动与其说是一种交流，倒不如理解成是一种制衡。通过图 2-4 观察三者之间关系，可以看出梯形结构的稳定性有利于运动技能内隐学习的稳定性。同时，以交流、交互的信息机制为导向，它们产生的反馈恰恰是运动技能内隐学习的核心驱动力。加快运动速度、提升运动效率同时，三角结构对运动技能的学习和完成具有优化功能。

神经元与身体内的细胞不同，短暂的交流所爆发的创新性可以将不稳定的轴突演变为脑机制的突触点，这也就是我们需要研究的对象之一，即爆发力。现在可以针对运动技能学习中的意识感(实验中的认知功能)、海马体(代表创造力)以及突触点(爆发力)的结构制衡开展具体分析。

首先，意识感与运动技能内隐学习创造力的交互逻辑。意识感由简单的认知生成突显性，意识感支配下的运动创造力，虽然具有一定的活跃周期，但并不能形成稳定的记忆。由于受到意识感的强效驱动和支配，运动技能创造力在有效的学习框架内，以自己的方式唤醒对意识感所持有的陈旧记忆，唤醒后的陈旧记忆与创造力合成一体。这种语境下的创造力可能已经演变为意识驱动下的工作记忆。工作记忆具有一定的感性逻辑。在内隐学习的认同感知系统中，工作记忆的稳定性可以通过空间寻租，为运动技能创造力提供更适当的生存空间，使运动技能在短期的积累后与工作记忆形成了一种全新的超级记忆。那么超级记忆的形成和作用不会受到意识感的控制,它需要寻求更宽泛的生存空间,并通过载体将创造性表达出来。意识感和创造性交互形成的超级记忆长时间不能得到表现的机会,随时都有爆发的隐患,这也就是本书在研究中确认的情绪。情绪的爆发方式或者宣泄方式不能由运动技能内隐学习的内容和方法决定,它受到脑机制神经元的刺激,可能随时爆发。显然为了抑制这种随意爆发,就需要有效的手段,因而意识感和创造性的交互逻辑仅仅适应了内隐学习的环境,但是并不适应学习机制,所以更合理的方法就是要形成制衡。

其次,意识感与爆发力的频繁交替。创造力爆发对整个运动技能内隐学习可能产生直接的负面影响。意识感在三角关系中,虽然没有统帅的地位,却是内隐学习的核心。运动技能内隐学习中,意识感代表脑机制神经元的认知系统,具有一定的控制力,对于爆发力也存在抑制作用。当然,意识感对创造力保持了传统的正向激励。运动技能内隐学习的过程是三角关系的演化过程,三角关系的稳定性对内隐学习机制的稳定性有特殊贡献。不过,随着情绪波动,意识感和运动爆发力会不断发生站位替换。频繁交替下的意识感和爆发力一旦超过运动爆发力的周期,就会引爆运动技能内隐学习机制的不稳定因素。所以,这种语境下,需要创造力对爆发力进行深度改良。

最后,创造力与爆发力的相互牵制。运动创造力和爆发力属于外显学习的范畴,两者之间较为合理的融合能够促使运动技能的目标实现效率提升。法国神经学家罗伯特·贾法德在记忆神经心理学研究方面,提出了丰富的环境会对创造性和爆发力产生深度影响的观点。假设创造力和爆发力不受意识感的控制,它们之间是否会造成运动技能学习的灾难?答案是不会。毕竟创造力与爆发力在同一系统内相处多年,如果没有一定约束力,说不定带来的不是灾难,而是更伟大的创造。显然,没有伟大创造,也没有更大灾难。创造力隐于运动技能内隐学习机制的稳定性,观察三角关系的各自反馈,结果表明:如果将意识与两者联系起来,它们之间的关系就存在了辩证逻辑,也具有完全的科学性。图 2-4 中对三角关系的相互制衡已经做了描述,根据反相关的逻辑反馈,意识感、创造力和爆发力实现了运动技能学习的控制、完善和自动化,最终实现运动技能创新。这一模式的优化在很大程度上丰富了运动技能内隐学习机制的实践价值,更有利于运动技能内隐学习机制在现实困境中寻求到更好的载体。

意识感、运动技能、创造性、爆发力以及神经元,甚至包括肾上腺和海马体，在任意条件下的交互都能对运动技能内隐学习机制的稳定性做出贡献。相对而言，它们之间如果不能产生群体交互，就不会在逻辑层面产生双向障碍，也就意味着运动技能内隐学习机制的通路是非常明朗的。

2.2.4 肢体受控脑机制的学习模式

贯穿运动技能学习机制的元素无一不受到脑机制的控制，稳定的学习机制包括反馈机制，但是不能依靠单纯观察学习机制对记忆的影响，而是要形成在记忆变化逻辑基础上的运动创新理念。

肢体具有可塑性，大脑同样具有可塑性。我们似乎不太了解钢琴教学中的肌肉记忆是什么样的，具体到运动技能中，肌肉记忆其实就是工作记忆。工作记忆、肌肉记忆和身体记忆，甚至包括肢体惯性都无形中受到脑机制中信息加工机制的统筹。肢体受控脑机制，如果是简单的信息加工机制，那么没有任何的纠偏行为就会导致运动技能惯性对创造性和爆发力产生局部影响，情绪在其中虽然不能受到肢体驱动，但是连带反应下的情绪也会表现得更加歇斯底里，这种乱象不是我们希望看到的。如果有脑机制的影响，或者说只要运动练习者有脑力，这种乱象就不会发生。运动技能内隐学习机制以驱动模式和纠偏模式实现了运动技能学习生态化环境的构建，并在动作技能的表达和执行层面，以感知的方式对动作和行为产生了认同和驱动，并加快了脑机制的决策作用，促进了脑机制对运动技能内隐学习机制的微观协同。

早在 3 万年前，肢体语言产生，替代了远古时期的神秘符号，人类大脑对肢体语言的理解能力远比文字和语言的历史更悠久。放眼当今，运动能加速人类进化、改造大脑、驱动思考、保障健康。所以，运动技能学习由浅显的动作迁徙上升为动作的自动化和内涵发展。神经学家拉里·斯奎尔在描述疾病图谱对记忆影响的痕迹时，明确提出：脑机制对肢体的影响不是来自海马体，而是来自身体脑协同下的结构脑。海马体切除，人类记忆不会受到多大影响，如果摘除颞叶则会让患者痴呆，甚至记忆完全消除。科学研究论证了肢体运动受控脑机制，不过并不能明确影响程度有多大，是不是会对运动技能学习中的动作惯性产生双面影响。即便是出现双面影响，身体的发达程度可以改善记忆，甚至运动技能惯性对脑神经元的功能恢复会产生利好消息。

肢体受控脑机制的学习模式中，以跨内容、跨机制、跨目标和跨文化的线条构成了学习模式的脉络。

第一,跨内容学习。运动学习的内容,不再是传统的动作模仿,也不再是体能的恢复锻炼和适度安排,跨内容由身体到脑机制,再由脑机制到心理活动。学习内容优化从简单的动作锻炼到动作记忆的改善,内隐学习以记忆稳定性方式驱动学习内容由浅显到深刻。内隐学习以运动发展趋势为目标,从身体健康到大脑健康,再到素养提升为链式管理的目标,学习变得更加简单,但同时要应对各种复杂的信息。基于信息加工基础上的内隐学习机制也不只是传送信号和分拣信息,跨内容学习从生理到精神的疏导,从精神到心理的预判和决策,都是运动员必须具备的素养。所以,跨内容内隐学习即是一种发展型、友好型、创新型的学习方式,内容补充和完善在很大程度上,对运动技能内隐学习不会造成负面影响。跨内容学习模式的应然性,决定了运动学习机制内容由表及里的完善过程和优化过程,具有持续发展的优势。

第二,跨机制学习。运动学习最初的目标就是锻炼身体,后来演变为满足竞技体育的需求,再后来需要适应生态体育文化的需求,一系列发展过程形成了运动技能内隐学习的跨机制属性。跨机制不以目标完善和目标演化为主要诉求。在运动技能优化的基础层面,运动内隐学习以神经学科、生物学科、心理学科和体育学科的联动性机制,在反相关目标框架内,对机制适应性和机制的功能放大进行了检验。运动技能内隐学习机制融合多元机制,形成了多结构立体目标。学习模式增益性保障了肢体锻炼程度,也保障了肢体受控脑机制的效率提升。

第三,跨目标学习。运动技能内隐学习机制的目标作用在外显学习的基础上,由于外显学习在目标架构层面具有连贯性,也具有一定局限性,动作从完成到自动化并不能实现有效创新,也不能促进关联要素在反相关机制下对运动练习者的素养提升产生积极的作用。肢体受控脑机制下的跨目标实现了运动技能学习的升级,运动技能学习驱动脑身心的改变,身体脑不是唯一的目标指向,肢体感知行为也不是检验标准,因此,跨目标学习模式奠定了多元发展的基础,多结构全面提升了运动技能练习者的综合素养。肢体受控脑机制的跨目标则是由运动技能学习的应然性走向必然性。

第四,跨文化学习模式。肢体受控脑机制看起来是生理与体育学科之间的跨度,但是运动技能内隐学习从由肢体受控脑机制的视角观察:肢体在运动中的协调性和平衡源自体育文化机制的影响,肢体的竞争性和合作性源自经济学科的文化范畴，信息加工机制和分拣系统建设又来自计算机学科。所以，跨文化学习模式影响了肢体与脑机制在运动技能内隐学习中的联系过程和内涵。从运动技能学习的角度出发，运动技能发展的第二阶段：练习阶段，还是要考虑反相关的驱动模式。诚然，学习模式构建要差异化，要进行情境创设，还要根据运动技能学习的隐喻性需求做好学习模式的调整。

2.3 内隐学习机制窘迫语境和拓展

2.3.1 神经压力下学习方式的变革

脑机制神经元在学习方式变革中，呈现出脑机制的主导作用和完全驱动。脑机制引领运动技能学习全过程，对运动技能的塑造性、善变性、可视化以及控制感进行统一指挥。

不得不承认，运动技能内隐学习机制具有一定的窘迫性，尤其是竞技体育快速发展进程中，脑机制对竞技体育的合理改变已经不再是单纯的运动改变，而是思维和心理活动过程的改变。陈旧性学习方式不断凸显出学习习惯的培养不利于运动内涵发展。运动技能学习在脑机制与技能双向发展过程中缺乏协调能力。为了改变这种困境，内隐学习机制结合脑机制驱动，使思维能力形成，并注重多脑结构参与，有效地将运动技能学习以个性化的方式外延性拓展。

神经压力包括生理压力和心理压力。生物学范畴里对压力的定义比较狭义。它是平衡身体状态的一个潜在威胁，是面对反应的考验，是对环境适应的要求。大脑对任何外显性和突显性的刺激都能形成压力，对于整合与加工信息的神经元而言，压力燃烧的过程会使细胞上产生破损和裂缝，这也就是“崩溃”一词的来源。由于压力增加，神经元对情绪回路不能产生应然性。举个简单的例子，我们坐在椅子上站不起来，一般来说可能是生理压力造就的。但是使劲站起来的时候，会感觉到一种无力感，这种无力感来自心理活动过程，并不是真的站不起来，而是心理上对站起来是抵触的。这种心理压力和生理压力对神经元造成的刺激会影响运动过程中神经元之间的联系，身体部位传导神经和脑机制传导神经一致对站起来的动作进行抵触，显然生理压力和心理压力同时起到了作用。任何人都有压力,只不过程度不同而已。神经学家布鲁斯·麦克伊文在《我们所知的压力尽头》中提到,我们头脑之所以强大,是因为身处具有威胁的环境,脑会产生激烈反应。这种反应的成分以运动居多。网络上有一句话是这样说的,“嘴上在说谎,身体很诚实”。这就是压力的缓释,也是压力在以变化的方法进行释放。

环境是运动产生、优化和执行的基础。运动技能学习内隐学习机制并不希望改善自身的这种窘迫性,相反它希望在运动中,面对神经压力所产生的动作改善是有效的。有效的动作恰恰就是运动学习过程,也是动作技能受到突显性以后的改变需求。神经压力下的学习方式变革体现在几个方面。

第一,压力消费专注性,同时也有成瘾性。国内学者曾用书写毛笔字为试验参照,进行了一次实验。实验邀请了 20 名小学生,让他们书写工整的毛笔字。随着实验开展要求逐渐严格,小学生在书写过程中不再左顾右盼,不再说话,一味写字,毛笔字的笔画越来越规范。当实验结束时,居然有 11 名小学生要求延时,表示要写得更好。实验证明:神经压力对运动本身的刺激促进了运动规范,也在动作技能方面获得了更多的关注。个体在环境、生理压力和心理压力的多重影响下,形成了比较状态下的情绪。固然,在这个过程中我们无法将压力概念化,尤其是神经元不能表征压力时,压力存在会使个体更加专注和上瘾。运动技能学习的潜在特征不以意识感的迁徙和精神层面的突破为转折,运动技能内隐学习也就是将简单的认知输送到脑机制,以方式引导对压力与情绪进行耦合。如果压力与情绪回路能够成为自觉体,动作技能的改变也就顺理成章了。

第二,神经压力撬动运动技能学习方式创新。运动技能创新需要实现动作迁徙,但是也应当对运动心理和神经感知产生一定的微观刺激。刺激有效性以突显性和技能爆发力输入脑机制的信息系统,会激发身体脑的无限创造力。在这里我们不妨回忆一下金庸剧中的欧阳锋,一个疯疯癫癫的绝世高手,有些可爱,有些神经错乱,甚至有些让人捉摸不透。显然他之前的遭遇必然对他的神经造成了压力,他的绝世武功的得来无非是面对无法排遣的精神压力时,将压力转化成了学习动力,继而成为创造性过程。运动技能学习方式的创新将神经压力转变为创造性,有机地带动全过程学习,改善学习语境。从运动迁徙到心理迁徙,再到运动思维的迁徙,支配运动技能学习的情绪也可以从压力转变为驱动力。

神经压力机制下，运动技能学习内容和学习目标发生变化，变化过程实现了创造性和爆发力的有效融合，深层次促进运动技能学习的目标由动作迁徙到心理，再由心理到动作技巧。特别是微观层面对运动技能的变化和心理稳定性的观察，运动技能内隐学习方式无法表征，内隐性结构对身体的作用不明显。但是内隐学习从感知神经到认知神经再到执行神经的贯穿，促使脑神经机制在运动中工作状态属于非典型状态，这也就迎合了运动技能学习不易观察、不客观的特点。恰恰是这种心理驱动和压力所致，运动技能学习方式由内而外的表现，是对内隐学习方式的肯定，同时也促进了内隐学习方式的窘迫困境改善。

2.3.2 大脑奖赏与默认系统比较

大脑奖赏机制就是我们说的“奖赏效应”，在心理学中，当人做出某一决策后，如果被证实正确并产生了好的结果，大脑会向负责决策的区域发送“奖赏”信号，这会促进人的认知能力进一步提升，形成良性循环，这被称作“奖赏效应”。

科学家发现，人脑中会分泌多种能让人感到快乐、安全和成就感的物质。这些物质统称为“快乐素”(happiness hormone)，其中的杰出代表有：产生快感的多巴胺、带来激情的去甲肾上腺素、负责取乐和镇痛的内啡肽，还有协助我们战胜困难的催产素。正常情况下，运动中快乐素较多，但是释放程度并不高。一旦完成某个动作，脑机制神经元在运动中保持着高效节奏，也严格按照身体脑设定的目标运行。当运动练习者感受到运动完成的喜悦，想要获得奖励时，脑神经元就会默认对身体脑进行“打赏”。内隐机制下的奖赏是对运动技能学习的肯定，并通过神经元表达出来。

大脑奖赏和默认机制存在合理效应，并以其特殊的方式驱动运动技能学习的完成。我们不妨从几个层面观察大脑奖赏机制与脑神经默认系统的开阔性。默认机制一般排在运动技能学习完成后，与奖赏形成的驱动模式和目标管理模式最终为运动脑和身体脑的条件反应做出预判和决策，最后以脑神经元的宽泛性对应多脑结构的适应性。

首先，大脑奖赏机制与默认机制的叠加效应。快乐素在人体运动过程中，始终保持着一种正向激励的作用。由于人体脑神经元对某个动作存在一定的偏好，脑神经就设定了一个纠偏性的小目标，以完成这个偏好动作的效果来决定是否对运动技能学习进行奖赏。当一个小目标完成时，脑神经元默认系统很快就可以获得信息，除了进行奖赏之外，脑机制神经元通过海马体对运动技能实现有效的目标引导。目标设定和奖赏机制，在很大程度上限制了内隐学习方式的拓展，特别是学习方式会受到目标和奖赏机制的负向影响，一些关键的运动节点并不能被脑机制完全肯定，导致运动技能的风险偏好以不完全的信息机制对身体惯性和运动方式实现了不积极的驱动。基于这种驱动，脑神经元默认系统对运动技能学习的奖赏并不能够积极配合，从而造成了学习机制困顿。两种效应叠加，一旦丧失了服务运动技能学习的理念和核心目标，运动技能表现可能在脑神经机制产生一定程度的双向障碍。

其次，奖赏系统功能发散对运动技能学习的有效约束。情绪、多巴胺、内啡肽、汗水、控制感和爆发力，这些贯穿于运动技能学习过程的神经性产物，对处于高度亢奋的脑神经元对运动技能学习的认同具有连贯性。奖赏机制以信息加工的链式管理形成了活性循环。环环相扣，模式交替，效果显著。因而，对运动技能学习的内容也会产生一定的发散作用。功能发散促使脑机制默认系统对它习以为常，特别是在大脑的信息加工机制具有双向障碍的条件下，默认系统对大脑奖赏几乎就没有了约束。显然，脑机制神经元以默认模式和奖赏模式为运动技能创造了学习环境，相应条件下的学习环境优化可以提升运动的自动化水平，反过来就会导致以运动技能惯性为中心，脱离脑机制的奖赏和激励，默认系统对运动技能的控制就不存在合理性。固然，这种条件下的脑机制神经元的奖赏作用就不能发挥出来，无论是默认系统还是奖赏系统，都不会对运动技能学习进行监管，更不会从动作技能自动化的层面加以引导。

最后，奖赏系统与默认机制正向比较。从运动技能学习系统上观察，默认系统对运动技能学习中的错误信息，仅仅是感知上的认识。由于无法纠偏，动作完成过程中，默认系统对错误动作的信息反馈将驱动身体脑和多结构脑进行错误的信息引导，并促使动作完成。显然，完成后的动作既是错误的，又存在较高风险。而奖赏系统在运动层面同样因为错误的动作实施了奖赏，默认系统与奖赏执行系统的错误信息反馈，以一定的比较视角考察了运动技能学习的质量。无论是什么样的结果，运动技能学习都以最优化的条件补充和完善了学习内容。对标价值下，运动技能内隐学习机制和外显学习机制在奖赏系统中都有作用，也相对有效。因此，就比较视角而言，奖赏系统和默认系统要与学习方式相互确认，折旧与感知系统的正确传导形成了紧密关系。

运动技能学习过程中,大脑机制奖赏系统和默认系统始终保持着紧密联系,特别是脑神经元的激励作用通过多样性的诉求目标反映出来时,其有效削弱了动作技能惯性的负面影响,从而促使运动学习过程偏重于感知认同,并以脑机制的信息传导方式对人的肢体和肌肉形成常态化默认。尽管这种默认机制在学习中也会遭受一定的质疑,不过由于脑机制神经元与结构脑形成了生态化业态,认同激励和感知激励以心理智力的方式贯穿于运动技能学习中,真实反馈了运动技能内隐学习方式的发展空间,同时也以心理表征的方式对运动技能学习的过程实现了有效跟踪。

虽然我们无法观察到运动技能学习过程中,大脑奖赏系统与默认系统是如何"合谋"的,在生物界、神经学界、心理学界也没有足够的证据可以证明,脑神经元产生的连串反应是正向激励的。但是,运动确实让人感到身心愉悦,也就是说,运动以平滑梯度的方式进入人体结构脑,默认系统与奖赏系统的合作,对运动技能学习方式的变革具有监管与激励的作用。

2.3.3 锻炼与思想激发的困顿与跳跃

锻炼与思维的不同之处是什么?如果没有运动技能内隐学习机制介入,锻炼的特别之处就是大脑与身体联结的力量会更明显,大脑的运行速度会更快。在遭受某种突显性时,人的肢体与肌肉会相继产生一系列不易表征的行为动作,也会加快困顿的脑机制产生跳跃。

包括跆拳道、舞蹈、瑜伽和武术在内,具有高强度动作的运动模式,在任何一个动作的学习中,都会将专注力提升到一定阶段。当然阶段性的情绪高涨也会促进动作完成的连贯性。在锻炼时,动作完成后,运动练习者会喊出一些自我肯定的话,比如在动作片中的"嘿嘿哈哈"。喊声具有一定的寓意功能,也是增加力量的方式之一。这些力量包括心智力量、积极行为的力量、身体的力量、积极思维的力量,我们可以把这种力量统称为是带有寓意性挑战的锻炼。

动作锻炼中,脑机制的记忆对这些动作进行记忆标签,让大脑记住手臂和腿的动作要领,并以动作认知对内隐刺激产生的循环机制提供一定认知经验。锻炼与思想激发的困顿主要表现为几个方面:首先,锻炼与思想激发能够促进血液循环,身体新陈代谢同时会促使情绪达到临界点。当情绪影响身体机能时,运动技能学习目标和动作完成的质量都会不约而同地受到脑机制神经元的影响。在认知层面,运动练习者会产生一定的心理懈怠,情绪化的运动学习在某种程度上并不能保证质量。情绪困顿和身心联结的焦虑感、对运动技能学习造成的压力,不受到脑机制神经元的默认系统支配。其次,记忆困顿。脑机制运行中,工作记忆和长期记忆构成了学习的主要元素,特别是身体脑在记忆力的支配下,对某个动作的学习呈现了巩固性和持续性。不过,由于脑机制神经元的工作记忆和长期记忆发生冲突,记忆神经受到干扰,焦虑与情绪对工作记忆的稳定性造成了相对的压力,从而导致记忆神经在某种程度上不想工作。因此,对运动技能学习的抵抗性出现,无论是哪种学习方式都不会有显著效果。最后,心理困顿。心理困顿和我们常见的抑郁症具有相同的原理。当运动练习者在心理和生理上对运动技能形成抵抗时,其主要表现是生理的,但是动因则是心理懈怠。由于心理懈怠会产生消极思维,运动技能学习动机不明显,学习的方法和习惯也受到不同程度影响。基于心理困顿的辐射性,心理活动过程对运动技能的默认机制,经由脑机制神经元的目标诉求反馈,很容易导致运动技能学习目标发生偏差,动作偏差和身体惯性共振的结果直接影响运动技能学习的情绪,因而产生心理焦虑,甚至抑郁。

相对而言,锻炼与思想激发能够促使思维跳跃、神经跳跃、身体机能跳跃和动作完成跳跃。如果非要对这几个关键要素做一个名词解释的话,那么所谓的跳跃就是当锻炼与身体脑形成自性时,身体脑、身体惯性、思维脑和多结构脑会深度融合,形成我们常说的灵感。

第一,思维跳跃的协同与处置。我们普遍认为,锻炼让人情绪高涨的原因在于内啡肽,但事实并不是这样的。神经科学存在一场持续多年的争论,主题是“内啡肽究竟与所谓的跑步者的愉悦感有无关系”。显然,丰富的证据可以证实,锻炼时周围血液中内啡肽确实提升了,但是只有大脑中的内啡肽才能让跑步者产生愉悦感。德国科学家研究证明,跑步激活了人类大脑中的内啡肽分泌系统,跑步者的愉悦感越强烈,大脑激活的程度便越高,这也就是锻炼引发情绪高涨的重要原因之一。不过,从脑机制神经元的视角观察,思维脑、身体脑与多结构脑融合,它们之间形成的联动激发了运动思维的活跃程度,也就产生了运动技能学习中的灵感,如果加之运动技能学习和思维跳跃惯性的融合,思维跳跃与运动技能之间较好的协同机制与处置情绪高涨的方法能够成为一体,灵感的诉求也就变得更加合理。

第二,神经跳跃的内化方式。神经跳跃在神经学科的精准概念可能接近疾病图谱。我们常见的癫痫病、精神类疾病以及额叶坏死，都和神经跳跃有关。好比高速行驶的汽车突然急刹车，运动惯性必然破坏汽车的制动系统。显然，神经跳跃是一个念头，并具有完整的过程。运动技能学习中，我们无法定义这种跳跃或者灵感，只能停留在运动目标内化的基础上，观察神经跳跃的方式。它应该是一种病态，并且具有成瘾性。处理神经跳跃带给运动技能学习的负面影响，一方面要考察神经跳跃能否改善动作技能的惯性；另一方面是要观察，神经跳跃是否能够促使动作更加自动化，显然这两个要求都需要内隐学习方式的支持。

第三，身体机能跳跃和动作完成跳跃的抑制。我们可以将其理解成在运动过程中的灵感表现。尽管跳跃具有一定的增益性，但是有的动作完成不仅不需要跳跃这个动作，它甚至可能破坏动作完成。因此，基于运动学习的需求，就需要从感知认同、神经元、海马体和脑机制神经元的信息机制对动作完成的过程和身体惯性实现控制。由于不是单纯的动作完成，运动毕竟联结脑身心，所以动作的抑制和动作完成的控制感需要心理、生理、肢体和肌肉等多个节点发力。

锻炼与思想激励的两面性决定了思维活跃程度越高，运动技能学习的利弊表现越明显。只有通过内隐学习机制处理相关的要素，才能在根源上保证运动技能学习的质量，当然对运动练习者的素养提升也是不可或缺的。

2.3.4　内隐学习的社会化因素

社会化因素包含了：运动技能学习目标、运动技能学习机制、运动技能学习方法、运动技能学习动机以及运动技能学习规律等。分析社会化因素对内隐学习机制的影响，应当充分考虑从宏观到微观的影响，更要将学习机制构建作为核心内容。

第一，学习目标设定的社会化环境一方面是来自全民健身运动的兴起。单纯满足健身需求的运动目标尽管具有一定的普遍性和代表性，但是运动目标的多元化贯穿于运动内隐学习机制。比如学校的体育课就是从提升学生治理水平和思维能力角度出发。另一方面来自竞技体育目标的构建。社会化角度的竞技体育带动了运动技能学习生态的发展，竞技体育以满足体育赛事的需要为切入点，针对全民健身运动又形成了另外一套单独的目标体系。民间赛事的举办为运动技能学习奠定了基础目标，同时也为开放型体育和终身体育打牢了基础。基于目标设定的运动技能学习既是动作技能完善的路径,也是大众智力水平和思维能力正向发展的根本。国家体委和省(区、市)有关部门在体育目标的制定层面,以能力战略驱动体育运动的目标优化,从结构上贴合了大众需要,也从制度保障和环境保障方面提出了相应的战略机制,为运动技能内隐学习提供了良好的发展空间。

第二,基于关联要素黏性方面的考察,内隐学习机制与运动技能学习的共性是社会化影响广泛,均会加快运动技能学习的内容推广。运动技能学习由动作学习迁徙到思维学习,其过程具有一定正态性。当向大众推广运动技能学习机制时,内隐学习机制和传统的体育技能学习本质上有区别。这种区别不仅使运动技能泛化约束机制得到了突破,而且在学习模式上也更贴近大众,使大众在运动技能学习中不需要太多关注环境和效能。相反,运动技能学习的过程生成机理与全民学习和终身学习形成了耦合,运动技能学习既要保持创新还要保持持续发展的内涵。当然,运动技能学习机制在隶属关系层面,形成了民间团体的自觉学习模式、提升身体素质的自发学习模式以及竞技体育需求的脚本学习模式。三者之间没有隶属关系,但是其学习机制则都以运动目标的改进和身心脑健康为导向。学习内容关联性、学习方式关联性、学习过程关联性支撑着运动技能学习的过程优化。对于以身体机制和脑机制为双向目标的运动技能学习架构核心目标,在完成了运动技能的贯穿时,技能学习演变成一种常态,因而这种驱动方式对当前的运动技能内隐学习机制构建是具备协同能力的。

第三,运动技能学习方法全方位考察。社会化的因素要求运动技能学习要专业化、职业化,甚至执行纲要要规范化。不过,对于运动技能学习社会属性的专业化架构,学习方面不能较为灵活地运用内隐学习方法,会对运动技能学习发展内涵造成一定的压力。当然,多元化的学习方式能够满足专业化的需要,可并不能满足职业化的需求。尽管职业化需求的缺口并不是非常显著,运动学习随着专业化和职业化的双元驱动发展至今,方式灵活。开放性的学习方式弥补了学习内容的不足,也在一定程度引领运动技能学习从单一的外显学习转向了内隐学习,显然这是社会化的成果。权衡利弊,社会化角度下的运动技能学习方法采用构建主义方法,将心智发展和脑机制发展作为赋能运动技能学习的工具,促使运动技能学习目标转型的过程中,也实现了学习方法的均衡发展。

第四,运动技能学习动机中的社会化因素描述。社会发展需要高素质的人才,所谓人才一定是要身体健康,精通各种技术。脑力和身心健康作为重要的观察点，构成了内隐学习机制的运动动机。特别是运动技能学习动机具有一定的内隐性，不可测，而且也不宜表征。虽然在认知结构上，运动技能学习动机与运动目标、运动方式和学习方法趋同，但是运动动机实现了系统化的结构，表现为运动—运动投入—运动管理—运动技能练习—巩固。基于合理结构的运动技能学习在社会化环境下，动机始终不明朗，甚至在一定程度对运动动机的描述还没有完全的文本支持。因此，更系统的统筹方式和更合理、科学的运动目标机制，则能带动运动动机转向社会化人才的刚性需求。

第五，运动技能学习规律泛化约束能力与社会化机制对称。运动技能学习旨在全面提高大众的身体素质和心理素质，以辩证思维的视角介入运动学习，发现其学习规律具有由简入繁、由难及易、由浅入深的特征。运动技能学习规律与特征吻合的同时表现出与社会的适应性。由于信息机制的不完善，运动练习者在学习中，对运动技能学习的需求和目标均有一定差异。这种差异化背景下的运动技能学习始终与社会化需求存在信息不对称、机制不对称、结构不对称和目标不对称的现象。为此，运动技能内隐学习机制则要从构建机制的方向着手，以运动技能学习规律和特征为导向，适应社会化发展，更要从体制、政策、人力资源和文化等方面驱动运动技能内隐学习目标的适应性增强。

运动技能内隐学习机制目标泛化、机制泛化、行为泛化和内容泛化，在广义的运动技能学习层面奠定了运动技能学习的理性目标。社会化因素的影响虽然具备一定张力，但是总体上还不能在真正意义上适应运动技能内隐学习机制的施行。从结构对称、机制对称、目标对称、行为对称和内容对称的视角观察，运动技能内隐学习机制的社会化学习框架是一个周期长、见效慢、复杂且善变的框架，对其实施社会化管理还尚需时日。

2.3.5 学习中的四肢和运动中的头脑风暴

运动技能学习中，四肢和头脑风暴的联系是纵向的。其实践意义在于，如何激发四肢的潜力，以及考察头脑风暴在运动学习中的作用。

运动技能学习不是单一的四肢运动。毕竟人类已经学会了直立行走，运动技能学习的进步，使其必然不会被简单地归类为对肢体的管理。相对而言，运动技能学习是利用四肢的行为来表现脑身心的结合。操作动作尽管由四肢来完成，但是学习中的四肢简单到就是一个道具。相比简单的肢体运动，运动中的头脑风暴更关键。一方面要实现顺畅的信息加工机制和信息传输环境建设，以保证信息驱使下的动作达到标准化和自动化。另一方面，要协调脑机制、心理活动、感知行为和控制感对动作技能的学习由操作到巩固。学习中的四肢和运动中的头脑风暴必须要对称，对称的身体与脑才能促进运动的协调性。

学习中的四肢其实更像是掰玉米棒子的猴子，它所产生的力量和惯性不受到肢体控制。尽管身体平衡感在运动中会产生影响，身体脑对肢体的驱动和支配也是由平衡感来实现的，但是身体平衡感更像是运动中的参照物，相对平衡的动作完成就基本上完成了学习中四肢的操作任务。由于脑机制对肢体有驱动作用和影响，在掰玉米棒子的过程中，虽然身体脑、结构脑、体育脑、思维脑和文化脑都对猴子发出了号令，但是猴子没有学过掰玉米，因而，脑机制影响下的猴子做动作依靠的不是信息传导机制，而是身体的平衡感。当平衡感越来越差时，猴子手上的玉米就丢了一地。所以说，四肢在学习中就是抓取，体现动作技巧，形成外部感知或者较为明显的运动目标。在连贯性的动作完成中，四肢的学习惰性非常强烈，尤其是脑机制对其肢体行为不能控制时，学习中的四肢不会产生任何效果。

运动中的头脑风暴是什么样子的呢？其实我们无法预见，也不能预测。就算是极为精细的白鼠实验，也不能探明运动中的头脑风暴是什么样的。美国学者在证明运动改造大脑的实验中，发现运动会刺激肾上腺形成强烈的突显性，再由突显性产生身体脑的结构性新陈代谢。所以运动就会出汗，产生多巴胺、内啡肽，情绪高涨，心跳加快，一连串的反应形成了头脑风暴。确切地说，这并不是头脑风暴，只不过脑机制受到强烈的突显性时所释放的身体元素，以刺激、变向、递进和跳跃的方式进行了表征。与头脑风暴接近的就是美国学者在20世纪70年代提出的观点，运动中脑细胞会成长并新增。显然，新增脑细胞是受到运动突显性的影响，恰如春笋碰到春雨，瞬间就蓬勃盎然。大概运动中的头脑风暴就是这样的。尽管我们无法观测和还原运动中的头脑风暴，不过并不妨碍我们对其开展研究，头脑风暴在运动中是有文本形式的，任何运动除了用文字的语言表述之外，还有其他的语言，这就要从内隐学习机制的语言排序角度观察了。

内隐学习中的四肢练习和头脑风暴使锻炼能够增加身体中的新元素。首先是学习中的四肢受控于脑机制，身体表征方式以平衡感为导向和标准，并以目标动作的完成来评价四肢在运动学习中的具体作用。但是四肢和头脑风暴并不是毫无联系。运动技能学习的内涵中已经明确指出了,运动中身体与脑形成联系的阶段,以驱动和支配的方式实现了运动的过程优化。显然,头脑风暴在某种程度上需要肢体的配合。在运动中,头脑风暴还需要肢体来表达。这个过程中,四肢增加的不仅仅是平衡感,更有强烈的外部刺激,包括运动中四肢的运动惯性处理也是学习的内容。而头脑风暴的作用还体现在对动作、情绪、心理表征、思维能力的控制,增加的元素除了多巴胺、内啡肽、汗水,还有更加活跃的脑细胞。因此,脑机制神经元驱动下的运动内隐学习均衡了四肢与头脑的协调能力,加快了信息加工和传送的效率。如果说脚本安排体现了体育教学中大纲的作用,那么运动中的头脑风暴则体现了肢体的效率和表现方式。头脑风暴的关键节点在于:以特殊的语言方式、技能感知方法、技能表现方法和技能处理方式对四肢进行动作完成的指挥。动作完成的过程中产生的一些新元素如脑细胞,则奠定了持续运动的基础。其次是头脑风暴与四肢的生态化协作。运动中最具有效果的方式就是竞争与合作,比速度、比效率、比产出,甚至比投入。而合作的结果就是完成动作,达到自动化。合作与竞争既是体育运动的生态化,也是脑机制与肢体结合的生态化表现。由脑机制与四肢合作产生了一定的新元素,新元素的成长空间受到学习环境的影响,起码任何新元素的感知方式是要通过脑告诉身体,身体再将信息传导给四肢。所以,在竞争与合作的层面,运动内隐学习机制淡化了平衡感、侧重感知行为和意识感。

运动技能内隐学习本身就是脑力成熟的一个标志,而脑力发展中的四肢以其道具的功能对身体脑进行了回馈。多元化结构下脑机制神经元在学习中形成了链式管理系统,以差异化的驱动方式和支配方式,对运动技能学习实现了较为全面的过程创新,也实现了评价和影响的创新。由四肢到脑,由脑到身心,再由身心到肢体,循序渐进的运动技能学习内容无疑成了证明运动技能内隐学习机制最好的证据。

2.3.6　内隐学习机制的陈述性记忆描述

陈述性记忆能使工作记忆成为更加科学的超级记忆,进行反复陈述,最终围绕运动技能学习的完成贡献力量。陈述性记忆是生动的,有内容,有血,有肉,有感知,还有核心。自从有了文字以来,人类的陈述记忆就变得不再遥远。复杂的心理活动过程作为人类运动的判断依据,其中思维感知、脑神经元的感知系统、识别能力和循环记忆对工作记忆是持肯定态度的。但是,相关联的内隐学习机制在某种程度上将陈述性记忆作为决策辅助,从而肯定了工作记忆的功能,并将其适当放大。

运动内隐学习机制得益于感知系统对工作记忆、肌肉记忆、身体记忆和短暂记忆都能形成范本,由于陈述性记忆潜在的作用,诸多记忆模式对运动技能的目标实现存在正向驱动和激励。弗兰克·艾略特在研究中表明:任何具有记忆功能的陈述都有两面性,可以实现优劣势转变,让缺点变成优点。当运动技能惯性在动作完成时发挥了作用,惯性就压倒性地将脑机制神经元的超级记忆变成了劣势。一个足球运动员在场上踢球,他看到球门自然会有一种射门的冲动。在己方半场踢球,运动员的踢球惯性是要踢到相反的球门,此时,一旦陈述性记忆发挥作用,它是不分场景的,球门就是唯一目标。陈述性记忆压倒工作记忆时,球员会自动将球踢到球门里,殊不知是个乌龙。这样的场景显然是鲜见的,并不具有代表性。但是这个场景证明了一个道理:乌龙球的产生是由于球员的记忆产生了紊乱,神经机制不受到思维能力的控制,或者说思维能力产生了超级记忆,记忆驱动脑机制神经元惯性地将球踢进球门。固然,乌龙球不是运动技能学习的范本,不过这很能说明一个问题,就是感知系统受到陈述性记忆的影响,可能会做出错误判断。

运动内隐学习机制的陈述性记忆能够自动成像,它在人工智能中的应用较为广泛。当一个低浓度摩尔将一个节点键入到系统内,语法排序创造性变革后,以陈旧记忆和陈述的方式对所有文字内容进行计算时,网络神经的消息树就会将陈述性记忆当成范本,并执行之前的惯性条件,输入产生联想,就导致信息节点发生卡顿,甚至死机。当然,运动技能学习不像人工智能那样具有格式。所谓的格式有几种,金字塔格式、格式塔格式、倒金字塔格式和钻石格式。当陈述性记忆演变为某种固定的格式,运动技能学习内容就会被颠覆。所以,具有成像功能的陈述性记忆在运动中的作用发挥要从三个方面来观察分析。

首先,陈述性记忆在运动技能学习中不能作为决策主体。对于工作记忆、短暂记忆、超级记忆,甚至是国外神经学家主张的精神漫游,这些记忆模式在运动学习中的内隐性特征明显,都会受到脑机制神经元的驱动支配,受控的主体和客体有所差异。如果运动动作完成的过程中,陈述性记忆作为主导,它会抛弃工作记忆提供的信息,而习惯性地进入工作状态,这就是我们通常看到的运动惯性。显然运动惯性和陈述性记忆不仅是盟友,更像是亲兄弟。

其次，陈述性记忆的辅助作用要实现协同。运动内隐学习机制中，陈述性记忆会以印象、记忆痕迹、记忆段落的形式为脑机制神经元提供决策辅助。我们姑且将陈述性记忆的参与视为积极的，甚至是热情的。但是在脑细胞新增，四肢存在动作惯性时，陈述性记忆就是一张安民告示。它应当告诉运动中的参与者，之前动作惯性产生了什么样的后果，标准化、自动化的动作应该是什么样的。当然也不是袖手旁观，陈述性记忆在运动技能内隐学习中并不是一无是处，即便就是试水或者叫阵，也需要有这么个角色。如果陈述性记忆能够参与运动技能学习，那一定事半功倍。

最后，陈述性记忆有限作用的全部发挥。陈述性记忆就是对之前的运动状态进行记忆，并描述出来，以规避运动练习者在运动学习中的错误动作和风险。相对而言，运动内隐学习机制中，陈述性记忆的作用是非常有限的，不能对创造性动作提供助力，不能为信息加工提供空间，不能为信息传输提供数据和反馈。因而，陈述性记忆仅仅对标工作记忆，以价值对标的方式，对肌肉记忆在运动中的表现做出评价，还要观察动作完成时，运动技能惯性是否形成。

运动技能内隐学习机制的构建必须要考虑记忆在实践中相应的处置手段，陈述性记忆的功能一方面得到了适度放大，在运动中对动态化的行为进行跟踪和监管。另一方面以决策导向和辅助导向为双重目标的记忆影响模式和陈述性记忆应该保持距离，这种距离是感知神经元和身体脑应当重点规划的。

内隐学习机制下的记忆方式林林总总，唯独陈述性记忆对运动技能学习是无感的，它不可能改变运动方式，也不可能改变身体惯性，作为一个旁观者，陈述性记忆的作用就是警告参与者，这样做是错误的。

2.4 内隐学习机制的创造力诘问

2.4.1 脑创造力与运动技能爆发力的双向支配

大脑创造力和运动技能爆发的关联性是内在的，特别是大脑创造力在特定运动技能驱动下会形成独特的脑回路，从而实现脑机制信息通路整合，继而实现信息加工的集中优势。尤其是在大脑创造力围绕身体脑和运动脑的双向障碍影响下,脑机制的支配力比较分散,如果要形成较为强势的支配能力,必须要突破脑机制传统的信息加工技能。

大脑创造力驱动运动技能的正常运行,在这个过程中,脑机制神经元赋能所产生的作用间接性地针对运动力量、运动参与成分和运动中的资源实现记忆支配。1978 年,莫特·米什金在针对动物的研究中提出了这样一个观点:海马体受到记忆阻碍时,脑机制神经元会进一步破坏杏仁核,进而破坏视觉系统部分。也就是说,在脑机制神经元对运动技能不能实现传统惯性支配时,海马体可以驱动身体、肌肉、结构脑对运动技能进行一定的创造性。这个研究重新界定了大脑创造力在运动技能爆发力中的作用,也更科学地为运动技能爆发力的实现路径和大脑创造力参与运动技能的实现寻求到了科学的理论。如果说大脑创造力是单向的,针对身体运动中的参与要素,肌肉、四肢、平衡感、左半脑诉求仅仅是信息加工机制,那么另外一层支配又是怎么体现的呢?带着这个问题,我们可以进一步探索双向目标机制下的脑机制神经元对身体脑和运动脑的支配。

创造力形成环境和运动技能爆发力形成环境虽然与大脑记忆没有太直接的关系,但多数科学实验证明,大脑创造力是脑神经机制优化的结果,以更显著的记忆模式介入身体脑,使身体脑中的关联要素联动,最终促进大脑结构和身体脑的单向联系变为多向。显然外显性学习就是借助了这种联动,因而运动技能爆发力的诉求目标由脑身心转移到肢体和肌肉,其亢奋程度、情绪稳定性、动作规范性和身体平衡感都不同程度参与了运动技能学习的爆发力培养。但是,大脑在其中的作用并不明显,因此我们就一直认为四肢发达和头脑发达的关联性不强。其实不然,动作规范、身体平衡感以及运动技能爆发力的互补性表明,大脑创造力和运动技能爆发力除了信息传导之外,还存在有效支配和驱动的作用,我们可以将这种支配视为在另一种已有的支配模式上的内隐性支配。

双向支配的表现方式其实更像是平行且不交叉的高速公路,特别是大脑创造力的快速流通无法表征,而运动技能爆发力好比是奔跑在球场上的运动员,它所产生的爆发力可以形成诉求,并加以优化。两者之间的特征明显,一种是外向型,另一种是内向型,并不矛盾,也不可能形成冲突。考虑到大脑创造力的长期记忆和运动技能爆发力的超级记忆,依靠传统的学习机制,身体脑和结构脑无法完成对两者的协调管理。因此,从心理感知、神经认知和身体平衡感的需求层面观察，内隐学习方式更具有黏性，尤其是运动技能爆发力的描述性和大脑创造力无法表征的特性交互，会有效提升运动技能学习的效率。

运动和脑创造力的运行具备的内在特征，决定了内隐学习方式的存在优势。一方面，内隐学习对脑神经元、身体突显性、动作技能惯性、运动技能节点都能够实现统筹，并在不断学习的过程中凸显脑的作用。大脑创造力以开启大脑运动模式的方式对运动过程中的爆发力进行思维导向。另一方面，对于运动中的大脑，脑细胞随着创造力发生新增，很大程度上内化了大脑创造力的运行方向，也改变了大脑创造力在运动中的行为诉求。大脑创造力是运动技能爆发力的决策节点，无限放大了运动技能爆发力的潜力，使其以一种超级记忆的形式，对运动技能的全要素实现了创造性思维导入。运动技能爆发力尽管在动作操作方面具有一定的技巧，不过，任何动作操作都不可能离开大脑神经中枢的指挥，其中也包括了信息指令传送和信息加工细化。由动作突显性到动作完成，这个过程明确了运动技能爆发力类决策要依赖信息加工机制的信息导向。

双向支配具备了外显学习和内隐学习的双重结构，在模式上更为合理。传统的运动技能学习几乎不负责创造性思维的补充，外显学习按照纲要或者动作规范，从动作分析、动作掌握、动作操作到动作完成，整个过程依靠的就是体能的爆发力。如果爆发力不足，则会影响整个动作的完成，学习结果可想而知。但是将双向支配运用到运动技能学习中，效果截然不同。双向支配以双系统的模式，从认知到思维，再由思维到执行，经过脑机制神经元的各个要素协调，使运动技能爆发力受到合理驱动，与脑身心形成共同的学习模式，也就塑造了运动技能爆发力的合理突显性。

双向支配旨在解决运动技能爆发力和大脑创造力的耦合问题，以不同支配形式和驱动方式，对运动技能学习中的双向障碍实现了过程性跟踪和动态化管理。双向支配从身体感知和心理认知的双系统视角补充了内隐学习机制中多种维护和管理的劣势，从根本上完善了运动技能内隐学习能力培养和运动技能爆发力的培养路径。与传统的运动技能学习方式比较，内隐学习更具有隐蔽性，同时也具有一定前瞻性，特别是在运动技能内隐学习日益普及的状态下，对于解决脑身心与身体平衡感的内在问题，内隐学习更有效，也更科学。

2.4.2 外显学习弱势与内隐学习优势的互补

运动技能学习本身具有内在局限性，外显学习机制在运动技能学习中存在的时间较长，其实践经验也相对完善，特别是在运动技能传统学习机制不受到外部条件控制和影响的状态下，外显学习虽然没有创新空间，但是基本上满足了运动技能学习的脚本安排。不过，观察外显学习的弱势不难发现，外显学习对运动技能学习存在一定负面影响。

首先，外显学习不具有主动性和创造性。外显学习受控于肢体表达和身体平衡感，只有这些条件具备一定优势，才能促动外显学习在运动技能练习和学习中具有主动性。但是，外显学习缺乏明确的创新目标导向，在运动技能学习中，不利于创造性思维实现，也不利于脑身心的联结，尤其是运动技能学习中具有突显性的身体惯性和平衡感等要素往往受控于肢体，无论是陈旧性记忆还是超级记忆都不可能具有合理的信息传导机制。运动技能练习、动作完成以外部控制为主，很难形成链条式管理，也不可能自觉地依靠脑机制神经元的驱动。失去了创造性思维支撑，外显学习在运动技能练习和学习中，也就不可能具有主动创造性。同时，外显学习可以改变肢体的诉求目标，并与运动技能的巩固练习阶段的间接性需求形成了一定壁垒。

其次，外显学习目标导向与运动技能学习有一定离散性。外显学习是处于丰富环境刺激下由身体惯性和动作操作的技巧完成的，运动目标较为明确，特别是运动技能学习环境下，外显学习的介入按照教学大纲和脚本安排，可以观察运动学习胜任力。由于外显学习对运动技能练习者的全面素质提升不具有显著效果，尤其是在目标导向下，对身体的控制感和平衡感较为重视，对脑身心的联结不具有协同作用，也就造成外显学习目标与运动技能学习综合目标不能形成一体化。外显学习依靠的是动作操作技巧、动作惯性和动作操作爆发力。相对而言，内隐学习则主张从认知到协同、从感知到心理活跃、从情绪控制到爆发力塑造，三个层面的运动技能学习需要一定的配合，甚至在很大程度上，外显学习相较内隐学习存在一定不可及性，从而造成了外显学习在学习目标层面存在一定离散性，不利于运动技能的全方位学习。

最后，外显学习对脑身心要素的控制过程模糊。运动技能学习的关键节点在于能充分利用脑机制神经元，重新塑造大脑中枢神经对运动技能的控制和指挥，便于脑机制神经元得到良好的信息指令以后，有机处理运动技能学习节点中的思维方式和运动爆发力控制感。外显学习在一定程度上而言是机械的，甚至是呆板的，不能调节多脑结构对动作技能控制过程的协调作用。由于过程控制较为模糊，外显学习对脑身心的联结不具有监管作用，同时不能有效发现内隐性认知和感知，运动惯性也不能产生关联作用。

通过观察外显学习弱势，主张外显学习弱势与内隐学习优势形成深度融合，不仅可以有效地针对运动技能学习的内容进行优化，而且还能从脑身心的视角实现运动技能学习框架的均衡性。首先，运动技能学习是长时间增效过程，外显学习和内隐学习互补可以拓宽学习维度。身体惯性和运动技能学习成为正向激励关系时，神经元之间的活动更加频繁，这种强烈的信号发出和传导更容易，也更顺畅。但是神经元对于突显性的捕捉也更敏感，如果持续的脑身心联结信号将运动技能学习变成一种超级记忆，运动技能学习就变得会更容易、更简单。随着肢体和肌肉的记忆巩固，并以长期记忆方式介入运动脑，超级记忆形成便会引领脑机制神经元在短期的工作记忆中寻求更合理的记忆方式，促进学习内容优化和过程均衡。其次，运动技能学习方式相互协调。外显学习和内隐学习的目标是一致的，学习中围绕运动技能学习完成形成体系化的路径。但是两者之间的不可兼容性和不均衡性产生的负向作用影响了运动技能学习质量。一方面需要协调两者的分阶段目标，实现运动过程目标系统化的一致性。另一方面内隐学习机制的创造性可以使外显学习的目标通过脑神经元的思考和创造，形成与外显学习机制爆发力相对称的目标机制，从而实现两者更好的交互影响。最后，丰富运动技能的学习结构。二元及以上结构下的运动技能学习，是对简单的肢体动作到运动技能实现的思考，这个过程不仅加快了运动脑对身体脑的驱动，也提升了运动脑的思维效率。特别是运动脑和身体脑同时专注于运动技能学习时，运动的过程恰恰是脑成长的过程。鉴于此，外显学习和内隐学习的二元目标以动作技能完成和智力提升为主导目标，较为合理地改善了二元及以上结构的学习目标，形成了多元结构的学习目标，同样也实现了动作技能的巩固和推动了运动技能的持续发展。

外显学习和内隐学习以改善运动技能学习质量和内容为目标，围绕运动练习者的肌肉记忆、身体记忆、工作记忆和身体惯性以及身体爆发力的发掘等相关要素，实现了优势均衡和弱势互补。在某种程度上，运动技能学习的根本就是锻炼。科学家在检验这些因素时发现，无论是身体还是大脑，甚至是思维都会受到锻炼的影响。实践也证明了：锻炼在分子、细胞和大脑回路的行为层面都会产生积极影响。所以,这种优势和弱势互补对运动技能练习者必然具有改善作用。

2.4.3 运动技能学习语境的文化创新

运动技能对人类的影响首先是文明程度的影响,这种影响并不可能直接地以叠加的方式形成螺旋上升态势。由于运动文明需要文化的支撑,所谓文化不仅仅是贯穿于体育运动中狭义的文化,因此,要正确理解文化创新,就必须要充分理解文化软实力在体育环境和学习语境下的导向作用。2005年,我国政府提出了建设"两型社会"的体育文化;十八大后又提出了全域文明形式体育文化。尤其是全民健身运动得到广泛发展时,体育文化和异域文化创新以异质性的生态模式驱动和指导着运动技能学习。运动技能学习语境显然离不开文化的支撑,文化软实力、决策力、影响力和作用力在运动技能学习中的作用不容忽视。尽管我们无法探知运动文化的起源,也无法知晓文化在运动技能学习中的比重,但是基于运动技能学习的文化创新却非常重要。运动技能学习语境下的文化逻辑具备以下几个方面特征。

首先,运动技能学习语境下文化创新的时代性。时代在不断的演化和发展,各个历史时期有着不同的生产方式。人们总是生活在一个特定的环境中,这个生活环境对人类产生了重大的影响。人们在生活实践中所创造的文化也都离不开这个环境的影响。因此,文化也具有特定的性质、内容和形态,表现出鲜明的时代性。运动技能文化创新与学习语境的关系密不可分,必须要肯定文化软实力和文化引领作用在运动技能学习中的主导作用。尽管文化与运动风马牛不相及,但是全民健身是一种文化,运动逻辑驱动也是一种文化,脑身心联结并实现多向驱动也是运动文化的一种。在体育运动高速发展的环境下,运动技能文化语境和学习形式创新衍生了运动技能学习持续发展的环境。

其次,运动技能学习语境下文化创新的社会性。文化具有社会性,也称文化的群众性,这是因为任何文化都离不开大众,更不能离开社会。如果说人离开了文化,就不能成为真正的人,那么社会离开了文化就会变成一个愚昧的社会。因此,人、文化和社会三者之间形成了相互关联、相互作用的复合体。运动技能学习本身具备的文化属性具有一定张力和感染力,人与人、身体脑与结构脑、运动与学习之间的文化纽带不仅需要社会化的认知,更需要社会化因素来均衡。当我们面临运动技能学习方式创新的学习时,文化便确立了以人为中心的主体目标，学习过程中不断改善方式和方法，最终促使文化与社会化因素的黏性增强，从而保证文化创新的社会适应性与运动技能学习能够成为一体。

再次，运动技能学习语境下文化创新的差异性。文化的差异性既表现在一个地区、一个民族的行为习惯上，也表现在价值标准和价值观念上。例如，东方体育文化重礼节、自身完善，追求个人身心平衡的品格形式，表现了人的内在品质和言行相一致的东方色彩。而西方体育文化则表现出竞争、激进、冒险的风格。不同的学习环境所存在的文化差异，对运动技能目标诉求的约束机制产生的效果不同，东方文化背景下运动技能学习语境追求身心和谐，还有善于表达运动和脑力的协调。文化差异所产生的效果则注重文化创新的跨文化机制，并且以不同的文化载体实现运动技能学习方式的螺旋式演化。西方文化虽然主张身心统一，但是其文化内涵主要体现了偶像性，在文化演变过程中，人文适应性较差，并不适合多元文化下的运动技能学习环境塑造。

最后，运动技能学习语境下文化创新的继承性和习得性，也可称为传统性。在养生学的发展中，东方人一开始主张以静养生，后来有人主张以动养生，再后来主张动静结合，这是人们对体育文化延续和不断深化认识的过程。例如，中国传统体育文化以前注重于修身养性，后来泛化为强身健体，直到今天的自娱与休闲文化。同样，中国传统体育文化中舞龙、舞狮、气功、武术等都已经成了风靡全球的运动项目。鉴于文化继承性和文化习得性，在运动技能学习中，学习语境改变成了关键因素。在差异化的环境中，差异化认知和差异化思维决定了运动技能学习过程中，可以获取知识与改变动作的习得性。考虑到习得性的物理作用，我们试图从运动技能学习的解构层面做一些调整。由于运动技能学习结构的改变，内隐学习实现了文化创新空间寻租，以文化创新和学习模式优化为不断演化的目标，文化创新以能力再造为主要手段，提升了运动技能学习的效率。内隐学习则通过文化创新机理，结合当前运动技能学习的现状，提出了文化语境下环境的影响作用力。特别是文化创新的习得性对运动技能效率提升和再投入所起到的刺激作用，使它既成为一种传统的历史积淀，也成为迎合运动技能持续发展的另外一层目标。

文化创新在于不断改善条件，对于运动技能练习者，文化影响、交互、感染、传导和共振作用都必将带动条件发生变化，个体和群体的文化迁徙、动作实现、脑身心的联结包括运动技能的扩张能力,随时都会塑造一种全新的模式。不过万变不离其宗,文化创新和个体的文化背景、教育背景、价值认同、教学模式以及学习目标产生的紧密关系最终还是要围绕运动技能学习开展服务,所以,文化创新只是一个杠杆,至于如何撬动学习成果的持续性和过程优化,值得我们思考,也需要从不同侧面关注如何对运动技能学习的整个动态化形式实现价值机理的约束。

2.4.4 价值视阈下运动内隐学习的开放性

运动技能内隐学习的价值有几个方面:其一,能形成社会化的心理因素,推动运动技能学习者个体心理价值与社会化价值契合,从而提升运动练习者的个体素质和心理素质。其二,运动社交的普遍价值。无论是在校学生还是跳广场舞的大妈,在运动中保持身体健康、身心舒畅时,其社交能力会得到提升,相对于个体价值和社会价值的对标,运动社交已经成为社会化发展的一种趋势。其三,智力提升的驱动价值。智力提升主要表现为思维能力活跃,在运动中,以技能的控制和表现为方式获得思维改善。如足球比赛中,运动练习者改变了用身体踢球的现状,从而实现了用思维和脑力踢球,智力提升驱动运动技能目标实现过程的多要素发展。其四,运动技能多元化价值。运动技能学习无论是出自竞技体育的需要,还是强健身体的需要,都需要一定的学习方式和方法,这种方法的多元化造就了运动技能学习环境的多元化。为了满足多元化的需求,运动技能学习价值便以一种或者多种学习方式为主导,形成了其价值的发散和关联。

总结上述运动技能学习的价值视阈不难发现,内隐学习在运动技能学习中开放性不足,介于纠偏和逻辑梳理的背景下,运动技能内隐学习价值对标下的开放性布局就成为运动技能内隐学机制结构性塑造的核心内容。(见图 2-5)。

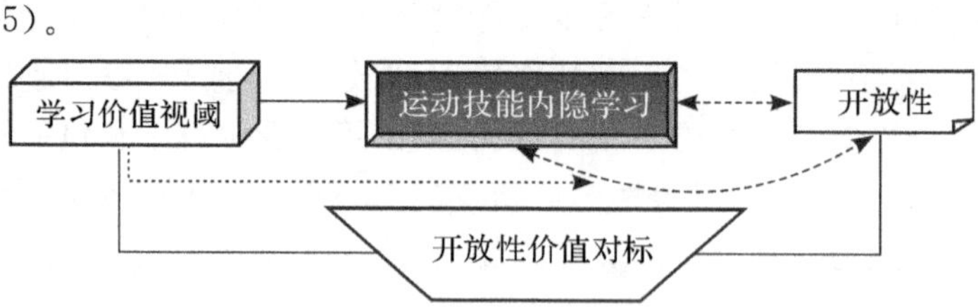

图 2-5 运动技能内隐学习开放性价值对标模型

人类是独一无二的动物，运动技能学习的开放性并不是要通过解剖来发现身体内部的秘密。对于价值而言，运动方式、学习方式和学习模式都建立在相对价值的基础上，由此而产生的价值对标对运动技能内隐学习的影响是全过程的，甚至实现了价值层面的动态化管理。开放性探索如果从价值层面考察，就要考虑价值对标的比较空间，运动技能学习和静态学习比较，记忆、爆发力、惯性、思维、灵感和情绪都会自觉形成一种潜在的开放性，促使运动技能学习联结心理活动和肢体记忆，形成另外一种开放态势。这种开放态势是自觉形成的，也是脑身心联结的帕累托结果。继续围绕价值对标的影响与开放性做比较，不仅会发现运动技能内隐学习的关键节点需要重塑，而且内隐学习方式不具有普遍适应性，因而也就很难形成价值对标的有效比较。

开放性的内隐学习机制应当注重几个方面：第一，心理开放。心理开放在某种程度上表示，在运动技能学习中，心理变化过程和运动技能的表现、诉求较为接近，其目标导向和动作结果以心理的愉悦程度决定，其运动阶段的各种表现贴合运动心理学的衡量指标。虽然在运动技能学习中，运动目标和运动方式对心理活动的要求较高，但心理活动过程与其他的要素也呈现关联度较高的联系，这就造成脑身心在运动中的各自差异化表现不具有完全开放性。完全开放性的运动技能学习方式显然不能脱离内隐学习方式的影响。不过，开放性条件下的运动技能内隐学习模式的结构性重塑则体现出心理活动的缺陷和弱势，只有合理地安排心理活动与运动技能的耦合，才能促进运动技能练习者的全面发展。第二，运动社交开放。运动社交固然是一个不成熟的概念，尤其在国内，运动社交更注重文化融合，所谓的“三观合”也验证了文化融合的有效社交。但是运动社交具有明显的隐蔽性，尤其是在运动技能学习中，动作完成和身体差异决定了运动社交是一种自然、隐蔽、自我的意识流露。尽管在运动技能学习中，社交的开放性建立在稳定的动作规范和动作延伸层面，不过特定的动作技能不需要竞争和合作，从而影响了运动社交的质量，也不能使运动技能学习下的社交具有良好的开放效应。第三，智力开放。拉里·斯奎尔在研究中发现：当个体的智力有严重障碍时，记忆的可塑性和学习方式的可塑性成正比。也就是说，智力不开放的状态下，运动技能练习者对动作的感受不可能被分享，也不存在合理迁移。即便在运动技能内隐学习方式下，个体差异和文化影响都局限了运动练习者的智力应有的效应，特别是运动练习者的智力水平不能产生价值共振时，运动技能的内隐学习和外显学习都显得鞭长莫及。运动技能内隐学习不仅需要突显性较强的信号传输机制，也需要信号间相互的认知和感知，如果智力水平不能产生对标比较，那么脑身心的开放性只会变成一种负担，而不会增强运动练习者的身心愉悦感。第四，多元需求的开放。运动技能学习满足了运动练习者的多项需要，特别是不同的锻炼环境和职业所致的需要，运动的需求是无法替代的，尤其是对竞技体育的从业人员来说，他们的需求不仅没有明确的开放性目标，而且很可能在竞技体育层面需要目标的内隐性。显然，运动技能内隐学习对个体的开放性调整具有关键作用，但是对群体性的需求开放性就显得不尽如人意了。

开放性存在于运动技能学习由动机到实施的过程，虽然不能作为衡量运动技能学习的主要指标，但是受到环境因素影响，整体具有更强的记忆，能增益运动效率、改善身体结构和优化动作惯性。所以，运动技能内隐学习机制建设以开放性的目标为导向，可以重构运动技能学习的核心框架，由内隐性到开放性，再到外显学习，运动技能学习模式有效形成链式机制，从而增强了内隐学习机制的主动性和创造性，也实现了价值层面的核心能力共振机制。

2.4.5　内隐学习机制对运动技能惯性的割裂

内隐学习机制的关键是重塑身体、大脑和心灵。其实，对运动技能内隐学习机制的关注不仅是关注运动本身，还应当考虑锻炼的差异化表现。运动技能内隐学习提升了专注力，有利于提升运动技能练习者在其他课程上的表现，不仅是锻炼身体，而且更能锻炼人的协调能力、心智能力和思维能力。我们常见的脑科学就是这样的范本，不过脑科学主张对知识接纳惯性的处理，这种处理我们权且就称它为割裂。

众所周知，运动技能学习中动作惯性的影响是比较严重的，尤其是动作练习中，长期的肌肉记忆和肢体记忆造成的身体惯性，除了不能保证动作技能的操作达到标准化之外，还对动作的创造性思维发散造成了间歇性影响。为此，我们提出内隐学机制对运动技能惯性的割裂。

首先，身体惯性与身体平衡感的相互失调。在运动技能学习中，从认知到感知，再到行为，感官行为的运动不以运动的爆发力为走向，运动技能受到技术规范和动作标准化的影响。感官行为由脑机制神经元的指挥中心出发，经过信息整合和信号传输，实现了对运动主体的干预。在肢体记忆和肌肉记忆不受到外来突显性的控制下，动作惯性以自觉方式发生。动作惯性和身体平衡感有关系，特别是动作惯性长期以来的记忆成功实现了对动作的绝对控制。因此身体惯性和身体平衡感是具有生态特征的，这种生态特征虽然不符合运动技能的学习特质，但是也影响了运动技能学习的完成，相互之间的平衡指标以惯性为中心。当然，脑机制神经元对内隐学习方式下达命令后，内隐学习方式则要做好过程性的干预。基于干预能力的程度，内隐学习方式不仅会导致身体平衡感和惯性失调，还会创造性地实现动作的中心化迁移。这在经济学上被称之为去中心化，说明其较好地完成了动作迁移和思维迁移，也就完成了身体惯性与运动思维的隔离，身体平衡感接收到更优化信号，动作技能学习的结果也会更优化。

其次，思维接壤能力与动作迁移的间断性平衡。这里所谓的思维接壤和情绪、控制力、爆发力、多巴胺以及内啡肽有着密切的关系。不管运动主体会产生什么样的反应，运动技能内隐学习机制都会调动情绪、控制力、爆发力、多巴胺和内啡肽对运动技能惯性进行约束。一般意义的情绪控制实现了脑思维和心理活动过程的融合，较为深入地围绕运动技能惯性实施调整与控制。这种由思维到控制的转化，我们不能简单地从肢体和肌肉做出解释，毕竟身体结构的控制需要身体平衡感和身体控制感一起实现。思维驱动运动技能动机所产生的爆发力，虽然依旧受到控制感和肢体的制约，但是运动爆发力的间断性平衡也会影响动作迁移。动态条件下的动作迁移会促使多巴胺和内酚酞内啡肽产生反馈，运动技能学习机制的思维驱动机制和驱动能力不仅不会下降，反而增强。因此，间断性平衡状态下的运动技能内隐学习机制对身体惯性的割裂，由思维转化为肢体，最终形成标准化的动作。

最后，压力增加与身体惯性的抑制作用。由于压力增加对身体惯性形成的刺激并不显著，因而将这种作用理解为抑制作用。但是从运动完成和运动结果的评价层面分析，压力的来源主要还是脑结构，身体脑和思维脑虽然都不同程度参与了运动技能内隐学习，不过并不能主导动作的完成、过程和结果。仅仅从动机观察，运动技能学习出现身体惯性并不是脑机制神经元希望看到的结果。当身体惯性对动作完成造成影响时，压力增加的主要作用是止损，而不是干预。不恰当的干预会导致动作失败。科学家发现：身体惯性对运动技能的学习系统会造成一定损害。受到压力破坏，运动技能身体惯性产生紊乱，最终导致动作完成的效果不具有科学性。

当然,运动技能的惯性并不是一无是处的。特别是在学习方式由外显学习转向内隐学习中,运动技能惯性基本维护了动作的稳定性。虽然不具有太强的创造性,也不具备对动作的改善能力,不过惯性与身体平衡感的相互协调决定了动作技能完成的过程与目标接近。另外,动作惯性和大脑的奖赏系统的反应可以高效吻合。20 世纪 60 年代科学家詹姆斯·奥尔兹和彼得·米尔纳发现,大脑奖赏系统有一定的识别习惯。不停地自我刺激会以感知奖赏的条件刺激做出反应,并迅速地介入脑回路,形成特殊的神经皮质传输过程。完善的动作惯性会增强脑机制神经元的奖赏系统识别能力,动作惯性本身并不具有识别的能力,好或坏的控制都需要身体平衡感和肌肉记忆来识别。动作惯性在整个学习过程中,具有一定的偏好和厌恶,相似的惯性会被理解成运动技能的习惯,因此大脑奖赏系统会以动作的接受习惯和信息传输路径进行条件刺激。

运动技能的身体惯性割裂解决的是心理活动和思维延伸的走向问题,尤其是身体惯性可能对运动技能内隐学习造成损害,其主要以运动技能学习方式终止运动和放弃运动为最初动机,而内隐学习方式则是直接构成内化惯性的负向作用,形成惯性的偏好选择,从而奠定动作自动化的基础,更有利于动作技能的自我审视和动作技能完成条件下的肢体自我感知。当然,动作惯性的风险是比较显著的,以动作缺陷为主要结构,对内隐学习的开放性和指导性都造成了一定的干扰。因此,内隐学习机制重塑中,应当注重对身体惯性的关注,更应当通过疏导的方式,促进身体惯性的合理性作用发挥。

2.4.6 内隐学习的素养隐喻和运动开放性耦合

运动技能内隐学习的素养包含了创造性素养、内涵性素养、中心化素养和干预性素养。如果非要使内隐学习机制素养的形成实现结构对称,关键的一点就是要实现素养隐喻和运动技能开放性的耦合(见图 2-6)。

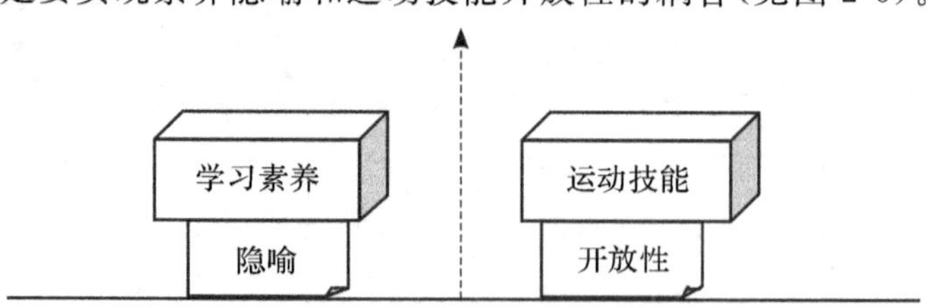

图 2-6 内隐学习素养隐喻与运动开放性耦合模型

运动开放性不光是要实现动作迁移和目标转移，还要通过运动技能学习目标的去中心化，重塑运动学习的中心节点，这一点类似人工智能。内隐学习尽管不具有开放性，也不具有明显的隐喻性，但是内隐学习方式的各项素养参与了运动技能学习的创造力发挥过程，显然这种参与并不代表内隐学习机制就完全符合当下运动技能学习的生态化发展。为了使其结构对称和目标均衡，解决内隐学习机制重构问题的关键点在于有效融合和深度融合。点对点的融合和节点之间的低浓度契合对促进内隐学习机制在运动技能学习中的普及应用具有举足轻重的意义。

创造性素养。创造性产生于大脑神经元和肢体结合的过程，也是改善运动技能学习空间均衡的手段。创造性素养要全面提升创造性在运动中的核心作用，不仅仅是要将稳定性和创造性融为一体，更关键的是动作迁移的同时，使运动内隐学习机制产生增益性。由于增益性可能形成伪创造，在运动技能执行中，大脑神经元的创造力中的思维创造和动作创新始终保持在一个节点，并围绕运动技能自动化的中心节点有效创造，也就形成了以内隐学习机制连贯影响下的目标。如果假定这个目标并不具有积极的作用，甚至是消极的，那么思维创造和动作创新都不可能直接为动作自动化贡献力量，也就意味着创造性素养缺乏一定的隐喻。到底需要什么样的标准才能创优相互之间的关系？解决这个问题关系运动技能的开放性，肢体的规范开发性、智力开放性以及多元结构的开放性都能与运动技能学习的联系阶段产生对射关系。稳定这种关系的方法不是相互之间的贴合，而且深度融合，甚至耦合。

内涵性素养。过去我们一直在争辩内隐学习方式的内涵是什么，在运动范畴和神经学范畴，内涵性素养从来都是神龙见首不见尾的。内隐性学习机制本身具有一定隐蔽性，加上内隐学习方式是无法评价的，仅仅从感知层面对行为进行界定，不利于运动技能的标准化和自动化。当然，运动技能学习内涵性素养隐喻需要借助一个载体检验其稳定性。当运动技能学习的内涵被不自觉地纳入运动学习的教程中时，内涵性素养就是竞技体育的标准，也是全民健身的标准。内涵性素养是相对的，可通过开放性的价值对标，凸显内涵。而且内涵性素养以更合理的方式嵌入学习机制中，理论层面具有拓展的空间和可能，实践层面对运动技能的标准化和科学评价也能够产生导向作用。那么素养就自成一体，成为标准化的数据，甚至感知层面的行为规范。

中心化素养。当我们明确了运动技能学习目标和学习内容时,内隐学习和外显学习到底谁是运动技能学习的中心?这个问题是心理学界、神经学科以及运动技能学派争论的焦点。当然,任何运动的中心都是脑机制神经元。假设运动学习中心化与学习机制和方式联系起来,中心化的问题其实更接近于人工智能中的低浓度节点的排序,由感知到认知,再由认知到组织明确,运动技能内隐学习的中心化格局略有偏差,毕竟内隐学习作为学习方式对学习内容的安排在结构上就形成了一定制约。另外,中心化的界定目的是去中心化。内隐学习在概念上丰富了运动技能学习的内容,奠定了科学方法的演化路径,同时也创新了学习素养隐喻的参照对象。无论是肢体、肌肉、记忆、情绪、爆发力、控制感、平衡结构等,还是排序,信号、传送、加工机制和通路,这些要素的中心化载体不仅要实现隐喻目标的合理性,更要以接近中心的目标作为去中心化的思路。为满足运动技能学习去中心化的素养隐喻架构,运动技能内隐学习机制和运动开放性所架构的框架必然带动运动技能学习的目标和方法创新。

干预性素养。我们经常会看到一些体育赛事的现场不允许拍摄,台球比赛现场的掌声也要进行控制。其实从运动技能学习的内涵观察,这些干扰条件虽然不具有平台和载体,但是还是会对运动技能完成造成影响。为了促使这种影响最小化,运动技能内隐学习则应当建立开放性的干扰条件,比如呐喊、鼓掌或者是口头语言等。当然内隐性学习方式更多的干扰来自身体内部条件,如情绪、关联思维和反相关思维等。

运动技能内隐学习机制要通过素养隐喻和开放性形成动作完成的技术屏障,仅仅对运动技能学习的内容进行动态化管理是不够的,还应当以深度融合和黏性增强为基本思路,通过运动技能内隐学习机制的增益性来创新开放性的耦合效率。

对于运动技能内隐学习机制结构重塑,从效率、效益、功效和评价等多个方面进行了探索。尽管当下的内隐学习机制还不能完全驱动运动技能学习价值,从价值驱动层面不能合理地重塑学习结构。但是,在微观层面,内隐学习对学习内容优化和学习过程的控制还是具有一定的合理性。所以,由宏观层面的理论转向微观层面的机制建设,运动技能内隐学习机制优化需要的不是理论层面的标准,也不是实践层面的揣度,而是科学的范本,并对其进行纠偏和修正。

3 运动技能内隐学习的范式架构

运动技能内隐学习的范式没有固定标准和框架，所以出于传统视角的学习内容和学习模式框架，针对运动技能内隐学习的思维、逻辑、环境和文化等层面，架构了学习模式的范式。运动技能内隐学习的范式应尽可能满足运动技能内隐学习的需要，也尽可能依据传统经验来填充学习范式的内容，从动机到行为，由行为到产出，加上影响和规模的扩张，凸显环境的重要性，并分析与之关联的文化，较为系统地针对运动技能学习的框架实现合理布局。

运动技能内隐学习并不陌生，内隐学习在其他领域的应用由来已久，其效果客观可视，逐渐取代了传统的学习方式。所以，运动技能内隐学习机制构建实践应该从逻辑推理转向普及推广，以普及推广的实际问题为牵引，形成学习机制构建的核心能力，这不仅有利于运动技能学习方式创新，还有利于构建内隐学习机制的多视角目标。

3.1 思维层面范式架构与实现

3.1.1 脑神经思维与肢体训练效果叠加

实践层面的思维拓展有效地与运动技能实现了沟通，其运动效果和锻炼效能尽管与人为目标具备一定正态性，但是考察肢体的运动效果还要依赖思维层面的脑神机制神经元的运行水平。假设运动技能学习过程中，脑神经与肢体的记忆水平处于接近状态，脑神经思维不是表现为单边的运行方式，而是应该建立在多向发展和持续巩固阶段的基础上。脑神经思维在身体中与其他神经组织不同，它可以通过短暂的电活动爆发来引导沟通。短暂的电活动爆发被称之为动作电位或者错峰电位，神经元轴突与另外一个神经组织之间的交流产生共振的通信点上被界定为运动技能学习的突触，这时脑神经思维与肢体之间的沟通和交谈就显得尤其重要了。

思维层面的范式不仅仅是为了思考，而且具有引导作用。考虑到思维层面的效能要借助某个载体实现，肢体在运动技能学习中虽然是执行的工具，但同时也是载体作用的有效寻租。那么神经元的思维和辨识作用是怎么样体现的呢？我们不妨观察一下脑神经思维与肢体锻炼的综合效果。

首先，思维与记忆共振的转向。脑神经思维和肢体运动都具有可塑性，支撑可塑性的根本在于它们的记忆方式不同，记忆方式越复杂，运动效果就越明显。玛丽安·戴蒙德教授对运动中的记忆环境进行了研究，提出观点认为实现脑机制神经元的可塑性的过程并非短暂，相反很漫长。思维的无意识流动会加快脑细胞的成长，肢体运动为脑细胞的成长提供了养分。由于环境影响的作用，脑神经思维能力对运动技能的统筹作用，不仅以记忆优化的方式改善了肢体运动的效果，更稳妥地以记忆共振的方式，对运动技能的惯性、身体感知、神经突显和目标管理形成了链式管理。这种情况下的脑神经思维不再单纯地以电位或者错峰电位刺激动作完成，而且能够满足身体脑与思维脑，甚至运动脑的多元组合，从而实现了运动技能效果扩大。组合状态下的运动记忆和思维能力延伸都不同程度对运动效果和肢体记忆形成常态化的管理标准。内隐学习方式以记忆的抗干预性数值反映了运动效果的质量，同时也将运动技能的最初获取知识阶段变为巩固阶段。思维脑和运动脑在这个过程中，不是工具，而是运动成果的证据。其协作模式形成的记忆除了产生共振之外，还能协同运动评价实现转向。

其次，思维与爆发力的后决策。思维与爆发力处于同一水平时，没有先后之分。尽管我们常规理解为心智和思维影响运动，脑神经元指挥肢体运动和执行，但是在整个决策过程中，我们无法判断脑神经元进行决策是否在先，爆发力的突显性对决策的作用是否更大。我们暂且先将这种决策理解为后决策，毕竟有氧运动的动机是改善脑身心的联结，实现脑身心和谐生态的同时，爆发力呼之欲出。思维与爆发力属于两个不同范畴的特质，思维以情绪感染为手段，促进运动技能学习中内隐性认知和脑神经元产生共振，并根据共振的结果决定运动技能学习的空间。而爆发力则是以肢体感受和突显性,加之肌肉记忆对脑回路的信息进行细分和识别,有效地将肌肉记忆改变为工作记忆,再通过工作记忆将记忆模式调整到与运动技能相适应的记忆模式。创新了爆发力的信息被传到系统,由此而产生的后决策虽然不能打破运动技能学习动机的平衡性,但是却能消解运动技能学习目标实现在决策中的惰性。所以,后决策的效果对运动技能学习目标、结果和动机的审视是最关键的环节,也是最为理想的状态。

最后,思维与运动脑的叠加。运动中,脑思维对运动会产生一种干预性,这种干预不是简单建立在运动学习过程中的,依靠思维、情绪和意志力对运动技能中身体惯性、平衡感和肌肉记忆进行控制都是不现实的。诚然,运动中运动脑的作用比运动思维更接近运动技能学习的一般性状态,运动技能内隐学习方式主张脑力和智力结合,身体感受突显性,将知识获取路径转变为内向型。由于知识获取路径差异,运动技能学习,尤其是内隐学习盘活脑神经元与身体协调,注重结构脑、身体脑、运动脑和思维脑的组合,从而对知识路径实现兼顾管理。基于身体脑和思维脑的生理连接,德国神经学科专家安得利亚斯·斯特罗尔在观察有氧运动的镇静作用时,发现运动是思维脑和运动脑最优化的生理连接,一方面可以解除焦虑,通过心率降低,让运动技能学习做出更好的判断;另一方面将焦虑变成一种特有的爆发力,转而成为引导运动技能学习的关键指标,从而推动运动技能学习内容的丰富和优势构建。

如果观察思维层面脑神经元和肢体运动的训练效果,就不可能脱离思维脑能使运动脑的效率提升这一观点。考虑到思维脑的特殊作用,它既是服务生,又是执行官,当肢体运动和训练效果在特定的环境下不具有张力时,思维创造性就释放了其本身的创造性能力,将创造性以因子释放的方式,转化为爆发力以及兼顾运动技能学习的其他环节,整体上实现了运动技能学习的效率优化。无论是怎样的实验,最终证明的是:内隐学习方式兼顾生态和学习方式创新,其运动效果对运动练习者的综合素养提升的作用非常关键。

3.1.2 逆向思维的运动脑和文化脑

从传统的外显学习机制可以看出,运动技能内隐学习机制属于逆向思维。逆向思维中的运动技能学习由脑机制神经元作为主要支撑,看起来运动技能学习和大脑神经元的联系不强。从传统视角观察,运动技能学习是肢体表现、执行和身体控制的过程，与大脑神经元的联系可能就是思维能力的一种对冲。但是实际上，运动技能学习更加依赖运动脑和文化脑对思维系统的梳理和整合，将运动技能完善至自动化水平，保证脑身心的协调统一。

逆向思维的主要构成不以运动目标为基本诉求，而是以思维脑对运动技能学习的整体驱动为主要目标。逆向思维尽管不可能对运动技能学习做出剖析，但是可以从反相关的角度考察脑思维能力和运动爆发力的共振机制，这具有跨学科的重要意义。显然，我们需要观察运动脑和文化脑在逆向思维分析中的动态、结构以及学习动机改善，以此证明脑神经元与运动技能学习的反相关性。

第一，脑运动和肢体运动的逆向思维。脑运动能转化情绪，将焦虑和压力转化为平行递进的运动元素，介入身体惯性中，对肢体运动的驱动形成一种反相关的生态模式。在脑运动的过程中，细胞增加，脑细胞增益性带给身体脑和结构脑的润滑作用，会促进细胞组织在思维中以压倒性优势对运动方式实施赋能。如果将脑运动的逆向思维定位为运动技能学习的管理基础，运动技能学习动机和脑运动的关系更为紧密，任何动作技能都是思维能力的拓展和延伸。比如，手指的运动不仅能够促使手势动作更加敏锐，而且在钢琴、二胡教学中和手工艺品制作中，手指动作流露出脑思维的自然情绪。在脑思维情绪影响下，运动脑和身体脑二元结合对脑神经元产生的应激反应，通过前额叶皮质反馈到海马体和杏仁核，运动技能学习就在思维的反相关条件下，对运动技能学习动机形成一定的吸纳能力。

第二，肢体运动记忆模式与脑机制的统一。肢体记忆和工作记忆乃至肌肉记忆统称为身体脑的记忆，记忆模式在运动中，对肢体最终表现要做出评价。尽管评价系统在脑机制的统一前提下不具有实效性，但是运动脑和肢体的主要领导，也就是身体脑和体育脑所产生的自然方式，决定了运动技能学习记忆的应激条件。为了保证运动学习中的记忆模式和脑机制的记忆形成耦合，脑神经元的记忆模式由前额叶皮质的传达，将左右脑的平衡机理和记忆转化为超级记忆。超级记忆无法预见压力、情绪、焦虑和突显性的具体表征，也就是意味着运动脑在协同多脑结构对肢体的运动技能进行评价时，运动脑的记忆模式仍旧沿袭了传统的工作记忆，所以这种评价手段和方式不利于超级记忆在运动技能学习中实现目标。假设要想达到肢体运动记忆和脑机制的和谐统一，就必须要通过肢体运动成效和记忆模式的完善，将运动技能内隐学习理解为信息对流的需求。此时,新陈代谢的记忆和情绪自然会促进运动中的爆发力与记忆呈正态性。

第三,运动技能认知文化与身体惯性平衡。传统认为,运动技能的实现和身体惯性存在相互交织的关系,特别是运动技能目标的实现离不开运动技能的惯性和身体平衡。但是我们却忘记了文化认知的作用。文化脑是所有结构脑中最聪慧的脑组织,是所有智力发现的源泉。智力提升的效率要素和感知行为的认知要素都归类于文化脑。文化脑和身体脑的平衡具有显著内隐性,文化脑指导身体脑做出动作,引领结构脑参与运动技能学习,但是文化脑丧失了主要的指挥作用,所有动作的完成和决策都是右半脑完成的,而文化脑仅仅是右半脑中最普通的一份子。然而要突出文化脑的作用,需要运用记忆模式将文化影响和引领的作用系统分布到身体结构中,所以身体结构平衡与文化认知的对称关系就显得更加重要。

第四,运动技能接受模式与脑思维的共鸣。对于文化脑、身体脑、结构脑,甚至包括运动中具有首席执行官地位的小脑,将它们串联起来的不是脑组织的信号传输机制,而是思维。思维与身体所形成的共鸣在很大程度上决定了运动技能学习方式与身体结构的对标。相对而言,身体脑和脑思维的关系比较简单,就是保证信息机制的通畅。但是思维既不决策,也不判断,只是指挥意识感在运动技能学习中采用内隐或者外显的学习方式。相对于单一的学习方式,这种模式更科学,而且对于身体要素和脑机制神经元的要素兼顾具有正向关系。运动技能学习的接受模式首先是脑组织的统筹,其次才是肢体的执行,最后才是左右半脑结合的运动动作完成。整个过程不再是肢体与心理、脑力、智力的单一化维护,相反,所有元素的共振才能更好地围绕运动技能学习建立相关目标。有时候这种目标是反相关的,不过这并不影响运动技能学习的接受模式,只不过表达方式具有很大差异而已。

运动技能学习中的文化脑和运动脑,介于逆向思维语境下虽都不具有协同和调整的功能,但是两者融合就能无限放大运动技能学习的动机、过程和结果。显然这种处理方式更有利于内隐学习方式对运动技能学习过程的动态化跟踪,也适应于运动技能学习目标的彻底改革。

3.1.3　技能视角下运动学习模式的反相关性描述

从技能视角界定内隐学习机制的效果时,有两个方面需要引起注意。

一方面，技能视角对运动动机的“拨乱反正”。我们过度地把体育和运动关联在一起，而淡化了运动在生活中的应用。其实我们日常的绘画、书法和手工制作都是运动技能的范畴，无非运动技能目标的实现路径不同而已。另一方面，技能视角对竞技性的过度追求。无论是西班牙斗牛，还是泰拳，或者是乐器演奏，甚至是声乐活动，总要分出高下，这就是运动技能学习模式的社会化缺陷，也是行业领域需要纠偏的地方。假如过度追求目标和评价，围绕运动技能学习的总体目标，我们所主张的内隐学习方式就要观察学习模式的反相关性。反相关性具有审视的功能，特别是对一些传统业态的审视更为激烈，形成的评价也有利于行业创新，且运动技能学习目标的反相关性也有效地拓宽了学习目标多元构建的范围。

技能视角下的运动学习模式以不断增强适应性为评价标准，而摆脱了竞技性的评价标准，内隐学习方式在运动技能学习中的延伸条件和制约条件都得到了适度放大。内隐学习也将心理、智力、身体、脑结构和情绪等温和地捆绑在了一起，大而全的链式管理有其自身的优势，但是劣势也很明显（见图 3-1）。

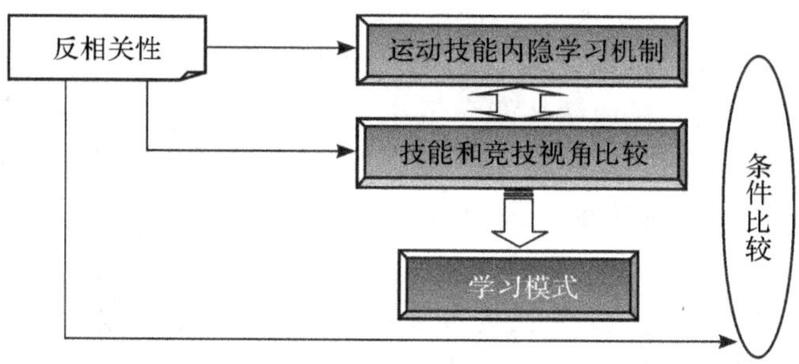

图 3-1 反相关性条件比较下学习模式优化模型

技能视角下，运动内涵决定了学习方式的优化既要进行条件比较，还要实现条件刺激下的评价标准构建。学习模式并不是一成不变的，特别是运动技能牵涉各个行业，如果仅仅就体育运动视角的学习模式进行优化，有身体就完全够了。

首先，技能视角下运动技能内隐学习的逻辑重构。技能视角下，运动技能内隐学习的逻辑首先打破了运动技能的结构，不再以运动竞技的逻辑阐述运动技能的内涵。相反，运动技能内隐学习体现了与其相关性不强的能力培养，强调运动技能学习的技能突破，反而降低了对运行技能的表现结果的关注程度。比较条件下的运动技内隐学习模式更注重技能的维护、巩固和持续性，技能锻炼以肢体为辅助，梳理以心脑智力为中心的关键节点。这种模式的产出效果相对缓慢，绩效认定的过程较为模糊，市场化的程度也更低，这就导致运动技能内隐学习与竞技体育需求的外显学习形成鲜明对比。当然，在条件比较的基础上，严格区别技能的习得性和技能的延伸性成了关注焦点，尤其是运动技能内隐学习的评价方式更隐蔽，更内化，更善于协同其他领域的评价。所以，要建立完善的评价机制需要对运动技能内隐学习模式进行全面考察。

其次，技能视角下运动技能内隐学习的产出认定。由于运动技能内隐学习是心理感知和神经元认知系统的协同产物，学习中要对产出效益进行评定，就必须要针对技能视角的实际运行效率，使脑神经元对技能认定由单向的信息加工机制形成以技能学习的驱动价值为主要参照。特别是在运动技能学习中，内隐学习联结脑身心，学习结果的认定要充分体现多元结构下技能实现的条件比较。一方面，通过运动技能学习，将运动技能的逐级目标分解为动作操作规范性、动作完成自动化、心理驱动能力支配性、脑力提升等几个层面，综合比较其结果，观察运动技能学习习得性成果。另一方面，运动技能内隐学习要考察技能的实施条件，比如心理能力、智力支配能力、情绪控制和焦虑接触以及压力释放等。这些要素对运动质量的影响构成了比较条件。同时运动技能内隐学习的整体框架要实现多元配合，还要考虑运动过程中技能遭遇动作壁垒时的处理方式和效率。

再次，技能视角下运动技能内隐学习的合理支配。运动技能内隐学习从技术视角出发，以技术导向和动作完成的结果为支配力实现框架目标。尽管技能视角下，运动技能内隐学习方式合理、生态，但是运动技能学习的合理性更要体现最优状态。动作完成和动作高质量完成的差别在于身体、脑力、神经组织以及评价系统不同，动作高质量完成以合理支配为基础，主张技术能力和心理智力、多结构脑、身体脑以及环境的协调。当其支配机理接近稳定状态条件下，就要考察动作的自动化程度。

最后，技能视角下运动技能内隐学习的价值认同。运动技能内隐学习的价值构建，要统筹运动技能的实际价值、行业领域的价值、关联价值和产出效益的客观价值。价值认同的终极目标围绕运动技能学习的效果评价。但是，任何运动技能的学习方式无不受学习内容的影响。一方面，价值机制下的运动技能要实现的目标和运动过程是否契合？虽然运动技能外显学习和内隐学习都主张运动过程的合理性和标准化,最终倾向于自动化。但是,学习方式的影响会产生两种或者多种不同的价值,结果同一性不具有考察的必要性,过程的实际价值才是技能视角下内隐学习的核心竞争优势。另一方面,价值机制下的认同,不仅要考虑技能培养的价值,还要考虑对个体的影响,更应当考虑在思维能力遇到瓶颈时,个体解决问题的能力的客观价值。综合多个价值目标的运动技能内隐学习方式,在更生态、更科学和更客观的条件下比较才是有价值的,也是高于运动技能本身的价值所在。

反相关性在运动技能学习中,一度是具有争议的话题。正态性条件下的技能施展和技能表现涵盖了运动质量、运动目标、技术能力、身体控制、心理活动、情绪抑制、结果评价。对其进行正态性的研究分析,如果没有足够的定性分析作为基础,技能条件的要素缺失会影响运动技能内隐学习的过程管理,也会影响整个评价结果。

3.1.4 思维共振与脑神经机制的绩效认定

思维共振的形成离不开身体、智力、脑机制和心理活动过程。从技能视角理解思维共振,一方面,思维共振具有各自的主体。身体、智力、脑机制心理活动过程的思维发散,架构了运动技能学习下的思维能力系统。在思维能力系统驱动下,神经机制的工作绩效认定是以神经元工作原理对运动技能内隐学习进行识别和管理。另一方面,内隐学习机制的实践表明,运动技能学习以心理感知和情绪控制为主要手段,对运动表现、心理活动过程、身体控制和爆发力实施感知系统的思维支配。如果将思维共振理解成来自身体内部结构的抑制手段,就不得不通过思维影响和驱动能力体现运动学习的质量和过程。当然,其绩效认定应当大规模地推算运动技能学习的质量、相关指标、关联要素的效率和运动技能学习效益。综合两个方面,思维共振在运动技能学习中,围绕脑机制神经元和身体各神经组织的工作量判断思维能力的影响程度是科学的。

思维共振和技术视角,包括文化与环境,其凸显了运动技能内隐学习的多元结构。特别是在运动内隐学习机制中,通过身体控制思维识别能力和管理显然是不现实的,利用思维能力和运动技能的接受习惯控制运动技能学习的成果和质量,相对简单和容易。无论是思维识别能力在前,还是身体控制感在先,运动技能内隐学习的绩效认定都会自觉地形成某个框架,这个框架范畴内的绩效认定方法对内隐学习和外显学习同样有效,对运动技能学习和其他学习也同样适用(见图 3-2)。

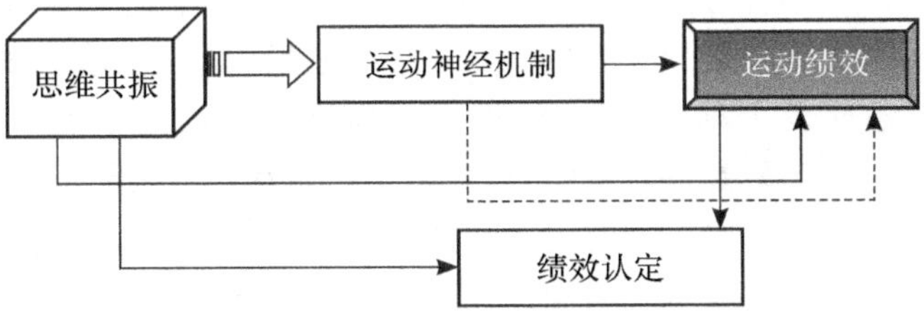

图 3-2 运动技能内隐学习绩效认定模型

绩效认定需要界定运动技能学习的效益,根据效益变现对运动技能的效率和运动技能学习的方式进行重构。从理论层面分析,绩效认定的可行性和可操性,需要从绩效自性本身开展分析。首先,绩效自性中的脑机制效益比较。脑机制协同神经元,将分布在运动技能学习中的各种要素,以效率条线的方式,整合学习的内容和学习机制,促使最优化效率和最可实现的目标形成链式管理模式。加上运动技能内隐学习范式的实际产生效应,针对运动中肢体、肌肉、记忆、情绪、控制感和平衡力所产生的最佳效果,以格兰杰因子分析的方法,对其进行检验。当然这种状态下的检验方式不具有最优化效率,只有通过检验才能判断运动技能内隐学习方式的优化组织和优化效果能否接近运动技能内隐学习的最佳水平,从而进行更为详细的协整性检验,才能最终对运动技能内隐学习机制做出评价。其次,运动绩效反馈至思维共振的行为优化。我们知道神经机制具有传输信息的功能,而信息传输的参与要素表现出了多元需求,特别是信息加工机制受运动思维驱动,产生了一定的新陈代谢。因此,思维共振产生的绩效反馈结果并不是最优效果,所以它会影响突触功能以绩效平行的方式介入脑机制的思考中。运动除了能补充人体的各种能量之外,也改变了思维共振背景下的认知功能。运动绩效改变了身体组织、思维方式,同样也改变学习方式。运动优化能量利用率的方式之一就是刺激机体产生更多的胰岛素受体。大脑中,中介组织和联动要素通过运动思维能力的扩张,对运动神经元的可塑性进行了重新界定,促进了神经新生,这也就促使运动技能内隐学习机制的神经元连接方式扩大了脑回路的工作区域。由此可见,运动技能内隐学习之自主行为通过运动改变压力和焦虑,使每个层面的运动绩效和效益产生的冲突都不可避免地与神经元的运行机制产生评价壁垒。因此,绩效认定更需要来自思维协同和共振层面的行为优化，而不是单一追求运动的效益和效率。最后，绩效视角的创造性定义与制约。创造性在运动技能内隐学习机制中，形成了不可塑的观点和概念。创造性的落地必须要通过运动技能效益对运动成果进行增益性表达，创造性还约束着身体结构内的运动惯性和爆发力。创造性形成记忆是绩效，创造性形成爆发力也是绩效，创造力通过海马体和杏仁核对身体结构的有效制约也是绩效的一种。所以运动技能内隐学习的绩效认定以仅追求运动爆发力和运动结果是不完善的，应当注重创造性和思维发散能力的融合。新奇性目的应不仅可以达到，还应当建立在运动技能实现的基础上进行思考，这样的绩效认定才具有绩效表征的可能，同样也有利于运动技能学习绩效框架的重构。

虽然我们逐渐认识到思维能力参与运动中是脑机制神经元的作用，但是距离清楚认知创造性思维发散以及距离神经元的驱动目标还很远。创造力思维带领其他思维能力实现共振是对人类运动能力的检验，也是对创造性发散和创造力效益的重复检验。如果我们不能清楚认识到绩效认定下的思维能力的作用，思维共振仅仅是一个新鲜的概念，对人类运动技能学习的评价还不能达到机制层面的完善。而实践层面的运动技能内隐学习，兼顾运动目标、智力提升、高质量的心理活动过程、有效的控制感和意志力，这些要素在思维共振层面的作用并不能忽略，甚至要在绩效认定中将其可能发生的效率统一计算到运动技能内隐学习的价值中来。因此，思维共振就是目标导向下，运动技能学习方式的一次深度融合，更可以理解为运动技能内隐学习本身的一次革命。

3.2 逻辑推理规模影响和产出

3.2.1 系统锻炼与连贯性学习的内在联系

体育课上，要想让学生记住动作要领，最有效的方式和最好的教学工具就是令人吃惊的元素。令人吃惊并不是传统学习视角的创新，反而是运动技能学习中的系统锻炼黏性。国外进行的大脑与行为实验研究中，将学习内容形成永久记忆和超级记忆的课程设置，不是不可思议的想法，而是增加了运动量，让学生感受到强大的运动量对巩固记忆的作用。

运动技能内隐学习机制主张系统锻炼和连贯性学习，一方面可以形成运动规模，以规模带动效益，以效益增益性带动产出机制优化，这已经成了运动技能内隐学习的核心。另一方面运动技能内隐学习机制突出产出效果，不过基于技能提升视角的产出效果不是特别显著，尤其是运动技能的增益性决定了脑力的提升，而不是外在的。因此，传统技评价视角的产出效应未必适应运动技能内隐学习机制的目标。

在逻辑架构的背景下，提出运动技能内隐学习机制的系统锻炼和连贯性学习之间存在必然联系，必须要认识到两者之间的内在联系。以连贯性创优学习的环境，以系统性辐射运动技能学习的应然性，都是出自运动技能内隐学习内涵的需求，更接近运动技能学习的综合目标。

首先，逻辑系统的黏性增强与产出。锻炼能够给人带来丰富的环境刺激，它能激发大脑改善大部分功能，包括皮质增加，生长因子、神经递质水平提高，锻炼刺激海马体的神经生长，也就是产生了新的脑细胞；锻炼还能增大海马体体积，增加海马体树突棘的数量，提升神经元的生理特性。基于生理逻辑系统，海马体体积增大会使运动技能学习的空间增大。在运动技能学习机制中，长期有效的系统锻炼和持续性学习所特有的连贯性特征，将会对运动元素造成一种无形压力。这种压力可能产生的黏性，必然带动运动神经、思维神经和文化神经产生一种共鸣。显然，这种共鸣就是运动技能内隐学习机制特有的产物。运动技能学习框架决定了系统锻炼和持续性学习具有特殊作用。由于运动技能学习框架是学习框架的主体，在保障其运行机制层面，需要一种黏性来推动思维能力和学习方式的共同进步。因此，必须由学习产出机制来证明这种进步，这就是框架之外的核心作用力，也是内隐学习机制的跨机制增益性。黏性与产出的正向关系既保证了运动技能学习机制的普及推广，又保证了运动技能学习机制的产出有利于运动教学和目标影响。

其次，锻炼机制和学习机制的融合。锻炼机制和学习机制的深度融合并不是无意识的，既然锻炼的系统性和学习的连贯性能够形成一定的管理范式，在技能改善中，心理机制、脑力机制、身体机制和其他关联机制实现了有效排序。系统性锻炼保证了大脑机制对运动技能的合理支配，系统性兼顾运动思维模式和运动脑、文化脑在运动学习中更积极的作用，为了维护这种学习模式的影响力和感染力，我们将运动技能内隐学习机制定义为范式量化和链式目标管理的二元及以上结构。如何构建更优化的框架来丰富学习环境,促使学习环境因素的影响能够激起运动技能练习者的条件反射,这一问题被确定为运动技能内隐学习的核心。机制融合的目标就是要满足这一需求。机制融合还能够将学习的常态化和动态化的锻炼联系起来,促进其产出的稳定性和持续性。

再次,运动与智力开发视角的协同模式。运动开发是将运动技能收敛至一定的标准范围内,从而根据运动内涵实现运动技能的可及性。相对而言,智力开发在运动思维共振的基础上,是要实现运动技能学习过程中智力的有效开发。智力开放性不仅要满足运动技能学习中思维能力拓展的需要,还要根据思维能力驱动和支配模式对运动技能学习要素进行整合。如果我们试图将拳击、舞蹈、跆拳道、武术和瑜伽动作整合起来,其运动技能协同机理会将动作开放性和智力开放性设为运动技能学习的顶层标准,再根据运动技能学习内容优化,将智力表现和以动作表现进行分类。由此,可以得出结论:运动技能学习内容的动作开发和智力开发并不能形成有机融合,甚至具有一定的离散性。运动开发和智力开发除了具有一定的相互影响之外,还能将组织目标、思维目标、运动目标、学习目标和行为目标统一为运动内涵的总体目标。

最后,感知行为和心理认知的产出比较。对感知行为的观察是运动技能学习时间的核心所在,一方面,感知行为控制运动结果和绩效,感知行为虽然不具有统一管理的功能 ,但是感知行为以内隐方式实现了运动过程中的认知和记忆的叠加。当感知行为成为绩效产出的衡量标准时,长时间的学习和持续性的锻炼,就自觉被归类为学习系统。另一方面,心理认知较为突出地体现了运动过程中的关联要素可能发生的变化,特别是情绪和脑机制重合的心理认知模式。在运动技能内隐学习中,运动心理和静态心理具有明显差异。当差异不能满足学习目标和锻炼目标的协调需求时,感知行为和心理认知会以神经系统的自主性使系统锻炼和持续学习形成一体化。

对应身体和脑机制的压力系统、神经系统、感官系统和行为系统,连贯性学习和系统性锻炼可以随意组织躯体神经系统的基础部分,向前额叶皮质中的初级运动层和身体随意肌的通路发出学习命令,由此可以规避无效学习和盲目学习。因此,运动技能内隐学习更具有目标性。

3.2.2 运动技能增量与学习机制增益修正的比较

运动技能内隐学习下的运动量适度,技能增量并增益。内隐学习机制下的运动技能除了增益之外，还通过运动技能学习的可及性，将运动技能成功分类。一方面，传统认为运动增量始终是运动技能学习的主要方法，俗话说“勤能补拙”就是这样一个道理。外显学习中的反复锻炼和持续揣摩不仅表现出运动增量的重要性，而且还将技能稀释为若干个动作要领，根据每一个动作的细化，使整体动作的锻炼量增加。另一方面，学习机制增益不是单纯使运动质量和动作技巧标准化，而是促使动作操作频率下的动作规范性达到某个标准。传统的学习机制增益是以环境、动作完善、受力和控制感来体现身体平衡和肌肉感知和记忆。与之相较，内隐学习方式的学习增益则是允许其他关联要素更多介入运动技能学习中，通过提升关联要素的运行质量来反映运动技能学习的质量。其增益性并不是增加量，也不是增加外部条件的改善程度，相反是削弱外部条件的影响，由内隐传导的方式控制学习过程和目标。

诚然，在没有寻求到更好的方法之前，我们应当将运动技能内隐学习机制和传统的外显学习做横向比较，并且修正外显学习在运动技能学习中的一些消极做法。基于运动技能视角下的比较，必须要遵循运动技能学习的特质和内涵，还要掌握运动技能学习的关键节点。

第一，增量与增益的纵向比较。增量与增益的纵向比较机制建立在增加运动量是否形成量化目标的考量之上，量化目标的方式是否能促使学习内容和方式得到优化。科学家奥尔兹和米尔纳在研究中发现：连续增量的运动方式会导致脑神经受到持续的刺激，也比较容易形成奖赏动机。完整的奖赏脑回路来自于复杂的大脑系统，其中包括了侧腹被盖区、伏隔核、腹侧苍白球、眼眶皮层、前额叶一部分扣带回和脑岛。持续增量会加快脑神经的奖赏系统实施奖赏，同时学习内容增益则是由奖赏系统的稳定性和奖赏激励成为动态化时，脑机制对运动技能学习的另外一种馈赠。其实，不管如何比较，增量和增益都会对奖赏系统形成驱动。不管是对感知行为还是心理认知，纵向结构的刺激增加必定使脑神经元与运动技能学习内容形成良好的递进关系。

第二，增量与量化分解比较。运动增量是频繁训练和持续训练的结果。根据运动增量的标准，在运动技能学习中，特别是牵涉长久耐力的运动项目，增量一定要量化，不可能一次性增加到顶，也不可能使增量的次数无限增加。运动增量本身就是要锻炼身体的爆发力，而爆发力的保持和实现需要脑思维、神经思维和心理活动过程对其进行控制。同时，我们还要回到脑机制的思维共振层面,要想实现增量的均衡,就要根据运动指标和运动技能学习目标,对增量的次数和内容进行核定。量化分解本身就是要以均衡频率对运动技能学习实现持续的引导。量化分解要建立关系层,一方面是以运动技能学习的联系阶段建立相应的关系层,根据层级化管理的目标,将增量的指标嵌入目标结构中。另一方面增量分解要根据运动技能内隐学习方式,从生理和心理承受的两个象限进行判断和实施。

第三,增益与效益分层比较。一般来说提到增益性,我们通常会联想到盈利水平基础上的额外增加。具体到运动技能学习中,增益性既是对各个资源要素的均衡,也是对资源的高度利用。内隐学习机制充分实现了对心理、智力、思维和生理的各个节点的协同,将脑思维、脑智力,心智力和情绪控制分为增益性的几个标准,分别将产出效应与之对应,架构增益性和效益的横向比较。基于经验的判断对运动技能内隐学习机制并不能形成有效的证据路径,因而要扩大分层比较的规模,通过规模比较对产出的效益再进行分类,就能得到合理的结果。诚然,分类过程中增益性的结果并不客观,也不够精准,只有通过产出效益和实际效应的比较计算,才能得出理想的推论。

第四,增益性和增量的循环系统比较。运动技能内隐学习机制的架构确定了运动增量循环模式的影响力。当影响作用对增益性和增量产生绝对优势时,运动技能内隐学习就会将反复锻炼和持续学习的黏性,明确为运动技能学习的优势模式。经过比较优势理论的渗透,我们不妨将运动技能学习的增益性和运动增量扩展为循环结果的比较。研究结果表明:循环模式下的运动技能内隐学习机制协同目标、结果、目的和动机构成了运动技能学习的生态图谱。循环系统架构需要重视的一点是奖赏过度。锻炼本身就需要激励,而过度激励则会导致运动增量和学习方式的增益性产生严重冲突。基于冲突视角的横向比较,运动技能内隐学习机制的循环模式不仅不会产生理想的结果,相反会成为学习方式创新的累赘。

运动技能的修正比较是运动技能内隐学习机制的高级阶段。不管是横向比较还是纵向比较,内隐学习的特殊的传导方式,对运动技能学习所产生的特殊作用都不明确。尤其是运动技能学习不能根据环境创优而产生相应结果时,人们可能会怀疑运动技能内隐学习方式。不过这并不重要,毕竟内隐学习方式下的个体能力提升和全面素养建设才是考察的重点。

3.2.3 运动规模效益和脑神经学习产出效益分析

一方面对运动规模效益和脑神经学习产出效益的客观描述，作为定性分析运动技能内隐学习机制的量化目标，使以增加运动量为目标的规模效益，提升了运动技能学习中的参与要素的能力。通过运动技能学习要素的整体表现，试图将运动增量作为记忆改善的主要手段。但是不排除在运动技能学习中，运动增量的规模效益会受到学习方式的影响，但是对于记忆加深和记忆模式改善并没有直接的影响。另一方面解决运动增量和学习机制增益之间的冲突，依旧是量化目标下的个体目标。要提升脑机制神经元的效率，既要考虑运动要素对神经组织的压力，还要考虑身体结构下的条件反射。运动增量和学习增益分别属于两个不同的象限，以实际产出效益和运动学习的效应为比较条件，两者之间的差距在于多元条件下的目标修正不同，这也恰恰是运动技能内隐学习的第三方目标。

运动计划是运动规模效益和神经学习产出效益的基点，高校内体育课的设定和教学大纲就是为了满足效益比较的切入点。全民健身运动中的普及和推广纲要不仅是运动计划的契合点，也是社会化体育的效益比较点。观察运动规模效益和神经学习的产出效益，更应当注重运动技能学习的润滑作用、学习中的社交功能、思维扩散方面的共振以及运动学习对脑神经元的提升作用，综合比较其效益才能将运动技能内隐学习机制推向更具社会价值的地位。

首先，运动规模效益对教学机制的驱动。我们关注内珀维尔的创新举措的同时，也要认识到运动规模效益能够满足群体运动的需求。依据教学纲要和运动技能学习的课程设置，将规模运动的效益定位于社交、学习、锻炼和成长。运动可以解决焦虑和压力，还能建立一定的成长计划，要将运动学习模式常态化，运动动态化学习机制和效益表现应不断改善学习内容，并将学习内容程序化，达到自动化的需求基础。回过头来，我们关注高校体育教学中的教学机制时，基于教学视角的运动效益如果摆脱了具体的评价影响，运动技能内隐学习势必对效益共振和效益外溢形成追踪，成为溯源性的唯一证据。处理好教学中运动增量和运动规模效益之间的关系，仅依靠运动绩效管理是不够的，还应当建立稳定的考察指标，对运动增量、运动规模效益和运动技能学习的产出效益实现综合考察。

其次，神经学习效益外溢的协调影响。神经学习的过程也是脑细胞重生的过程,国外研究表明,脑细胞有后天发育和成长的机会。神经学习机制在运动技能学习中,以感知、认知、传感和抑制等手段对运动技能学习进行均衡。神经元组织和神经机制会关联脑组织和结构脑的耦合,也促使运动技能学习中的效益产生外溢,比如:脑神经机制运动中表现出来的控制力失常,爆发力过剩等。神经学习效益外溢是后天的,具有一定习得性,但是对运动技能学习的综合产出具有间断性影响,并不能依据运动技能神经学习的路径,参与效益评价。洛克菲勒大学的教授布鲁斯·麦克伊文在研究中提出:运动技能学习效益外溢是进化的礼物,就好像头脑可以影响身体,身体可以影响头脑一样。呈现外溢状态的运动技能学习机制能够控制学习成果,也能够转移学习成果,从而实现更科学的目标管理。神经学习、肢体学习、思维发散和工作记忆在效益修正比较中同样重要。

再次,综合视角效益比较与修正。运动技能学习效益存在隐喻性,对于身体感受、脑力提升、心理感知、情绪控制、身体平衡感以及工作记忆等要素的具体表现,都能理解为综合视角下的运动效益。美国神经学家凯迪斯·珀特在研究中发现:大脑内存在阿片剂受体,这也意味着人体有一个止痛机制,有一定成瘾性。如果将运动技能学习的效益比喻成某种镇定止痛物质的物理作用,运动的成瘾性和运动奖赏系统产生的愉悦就不难解释了。运动带给人的愉悦不仅是产生的结果,这种欣喜和愉悦更是与运动情绪产生了抵触,通过情绪控制,人体组织和脑机制在运动过程中,更倾向于身体结构对奖赏系统的感知,这种感知和奖赏物质都会以突显性的信号传导到成果界定中。所以,从综合效益比较视角,运动技能内隐学习机制除了改善运动水平本身之外,还能够带动运动技能学习的参与要素形成外在的效应。

最后,运动技能内隐学习的内外在价值与效益比较。运动价值的多元机制是其他学科不具备的。在内隐学习过程中,运动价值提升和改善的要素成螺旋上升趋势,与运动技能内隐学习的广泛价值相吻合。观察其效益修正和比较要从两个方面进行分析。一方面,运动技能内隐学习机制保持了单一的学习方式,实现了多个目标,对身体、智力、心理、爆发力和控制感始终保持一种协同管理的状态,其产出效益兼顾了运动技能深度学习的过程和全要素状态。特别是运动技能学习机制多元化视角下的效益修正,则是要体现运动过程的学习质量和学习方式改造,从本质上驱动运动技能学习以嵌入方式对绩效认定下的效益实现增益性削弱。另一方面,从增益性方面观察,学习机制的增益性较为宽泛。由于学习机制在特定的环境下,不能支配运动技能学习的主体——身体结构和肌肉进行动作规范，仅仅能从宏观视角对运动技能的质量本身去修正，因而，比较价值效益是收敛至运动价值的扩散，而不是学习机制的扩散。效益比较除了价值认定之外，绩效、动作自动化和运动潜在能力都应当作为相关指标。

效益比较和修正在现有的条件基础上，不排除运动技能内隐学习机制的变异，当然也应当梳理和总结修正的经验，根据外显学习方式的评价和绩效认定，对运动技能内隐学习机制进行目标整合，而不是单一的目标演化。

3.2.4 平衡机理下运动和学习的多元激励

除了大脑奖赏系统外，运动技能内隐学习机制中，运动和学习目标的激励以正向激励为主，并通过正向激励改善运动和学习之间的对立关系。从平衡机理视角观察，运动技能应当明确脑身心的平衡，对任何一个动作的思维扩散、思维共振和思维辨识能力的梳理，都应当建立一种符合运动技能内隐学习机制的激励框架。

由于运动技能内隐学习机制主张过程平衡、结果平衡、目标平衡和动作平衡，所以以运动平衡机理为主要牵引，跨学科的学习方式集中了神经、生理、运动、文化、思维、艺术和创造等多个结构脑的思考。既然是群体工作，那么就需要一个明确的、适应于多结构要素的激励机制。因此多元激励机制不仅要胜任内隐学机制的架构，还要保证内隐学习方式更加生态。实践中，运动技能内隐学习过度主张身心协调和平衡，对于身体控制感与爆发力、爆发力与情绪、思维与动作操作，以及压力和焦虑等因素的影响不够重视。所以，激励机制构建不以某个单项的要素为标准，也不以某个动作技能为参照，相应地以运动技能学习参与的全要素形成科学激励才是合理、科学的。

平衡机理主张各项要素的平衡，还讲究身体与脑、脑与心、心理与控制、爆发力与控制感的对称。建立相应的激励机制，以多元目标为决定条件，架构逻辑驱动下的激励机制必然会带动运动技能内隐学习机制的管理、监督和调动产生作用（见图 3-3）。

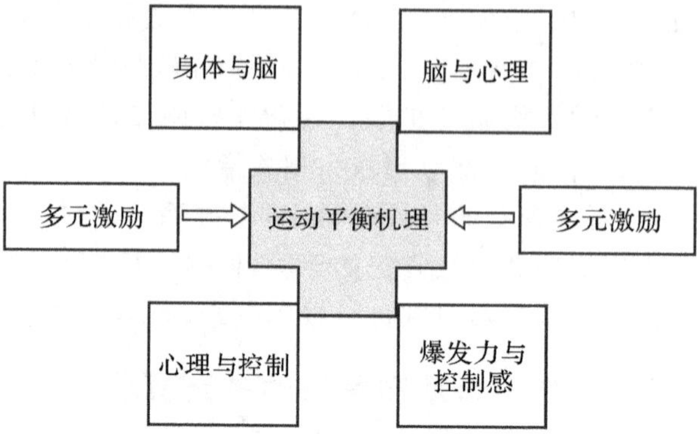

图 3-3 平衡机理下运动技能内隐学习机制塔式矩阵

运动技能内隐学习机制的激励框架设计，应当与内隐学习时间相互结合，除了考虑马斯洛的层次需求理论之外，还应当考虑双因素激励理论的应用。如果将运动技能内隐学习机制当成是运动技能学习的二元以上结构和模式，双向激励恰好可以解决运动过程中的双相障碍。图 3-3 中，双向障碍的载体分别是身体与脑、脑与心理、心理与控制、爆发力与控制感。这些要素中显然没有感知行为的激励，因为感知行为是思维共振层面支配和驱动运动技能内隐学习机制的节点，所以贯穿整个激励机制的框架的主导行为则是以思维能力扩散和思维共振为先决条件。

多元激励机制框架搭建的起点是深度融合，基于融合背景下的运动技能学习的激励机制要实现循序渐进的思维导向，根据思维共振的特点实现合理驱动与支配。

首先，身体与脑的双层次激励。身体运动与脑运动的需求是双向需求，身体运动可以改变脑思维的环境，加快运动效率，促进脑运动的频率提升，刺激新生细胞成长和发育。相对而言，脑运动增强了身体的感知能力和认知能力，强化了运动记忆，将传统的运动记忆模式由工作记忆转变为超级记忆，两者的需求在某种程度上对运动技能内隐学习的作用是相得益彰的。当然，身体与脑存在障碍，解决障碍的关键就在于如何有效运动、健康运动和持续运动。因此，激励机制框架的构建，既要适应脑与身体的联结，更要从脑机制的管理和中枢角度出发，使激励机制框架的构建顺应运动内涵的发展。

其次，脑与心理的激励转化。从普遍意义的角度观察，脑机制为心理活动创造条件。例如：在感知到绘画时身体脑传导来的绘画场景设置时，大脑就会产生联想。但产生联想不具有成像功能,只有情绪流露才能对心理活动产生一定影响,也就是说,绘画时,脑机制负责搜集和整理信息,而艺术脑、文化脑和思维脑会将绘画场景下的某种联想形成一种决策号令,这种决策号令就能够通过情绪感染形成灵感。因而,脑机制与心理活动的激励框架除了场景之外,还有一定的隐喻性。显然这种隐喻性就是大脑奖赏系统做出的反馈,利用反馈结果将奖赏、激励、情绪影响、感染、思维辨识以及思维共振系统地装进一个框架,激励机制就形成了。整合过程恰恰就是脑机制转向心理活动的过程。这个过程具有高度唯一性,但是并不容易被发觉,只有依靠内隐学习方式才能对其实施管理和跟踪。

再次,心理与控制的激励交替。运动技能内隐学习机制提倡心理感知和情绪控制,但是身体平衡机理下的控制感又不单独针对运动技能学习。所以,平衡感是外在的结果。在内隐性的学习模式中,将心理需求的场景机理和隐喻性合理的嵌入动作操作中,不但实现了动作完善和规范,最终也达到自动化。而且运动技能内隐学习机制更强调心理影响和情绪抑制下的抑制力和意识感,能有效地将意识感转化为心理需求,从而对脑机制神经元发出相应的信号。脑机制神经元接收到信号,便会以一种内隐方式将信号加工并传输到身体组织,这样就完成了整个连贯性的动作操作。动作完成时,心理激励和控制感激励交替出现,前额叶皮质、海马体以及杏仁核会不同程度以激励的方式对信息进行合理放大,把信息传输到肢体或者肌肉,相应的记忆模式和工作记忆就会带领运动操作由完善走向自动化。

最后,爆发力与控制感的激励动态博弈。运动中,爆发力和控制感是相悖的。一方面需要相互支撑完成动作操作,经过运动技能内隐学习机制支配,运动技能综合表现了身体要素、脑神经要素、心理活动要素和思维要素,连贯地完成动作操作。其中两者的激励作用是显著的。但是,两者在动作完成中的相互博弈是看不到的,尤其是对情绪控制、身体惯性控制,动作偏好的控制,控制感以负向激励的方式对动作操作进行协调。另一方面爆发力也能结合这些要素达到动作完成的自动化。在没有外在激励条件的状态下,运动技能内隐学习机制下的爆发力激励是正向激励,与控制感的负向激励形成对比。经过两者博弈,以动态化的形式对动作操作实现调节,也将持续性的机理转变为动态跟踪,既体现了运动员的职能,又反映出了裁判员的职能。因此,博弈视角的动态化激励也是多样化的。

回顾图 3-3 的激励机理,多元化激励在运动技能学习中,表现可圈可点，各司其职。不过总体目标只有一个，那就是完成动作操作，在保证质量的前提下，动作达到自动化。多元激励机制框架的设定，集内隐学习和外显学习于一体，对各个要素的激励作用显著，在满足学习过程的层次需求之外，也实现了激励机制的共振。

3.2.5 健康与生态的机能探究和学习成果认定

对于全面素质提升和全民运动素养增强背景下的运动技能学习机制，学习目标具有唯一性，即健康生态的运动。介于机理、能力视角下的运动技能学习，其健康与生态具有一致性，同时也具备了两个平行关系的约束条件。

运动技能内隐学习机制实践，在完善动作操作规划和自动化的同时，应当考虑最优的学习成果确定。创新与创优是外部条件中必不可少的环节，影响运动技能内隐学习机制的成果表现。从这两个分解目标去考虑，运动技能内隐学习机制的实践优化则成了研究的焦点。

首先，健康视角的运动生态化路径探索。健康运动和生态运动看起来没有冲突，但是两者的黏性不高。我们经常提起的有氧运动，是在大自然舒适的环境中的运动，而健康的运动在当下则是局限于健身房或者特定的环境，丧失了运动的生态性，这仅仅是从环境层面区别了健康和生态的概念。如果从学习机制的方向来探究，生态的学习就是要不受到任何限制，自然而然地学习。健康的运动也是以最适合个体的锻炼环境为最佳选择，健康和生态语境下的运动要有最优化的环境和达到最理想的效果。显然在当下，环境遭到破坏的现实背景下，健康、生态运动的实现难度很大。从另外一个路径考察，健康、生态运动的实现机能是以内隐学习机制促进身体、脑、心理以及思维的生态健康，排除了药物影响的运动、能够达到最优化状态的有氧运动就是健康的、生态的。健康、生态的运动还能改善人的情绪。科学家谢丽尔·汉森在研究中指出：短暂的锻炼能够快速提高健康被试的活力和情绪，也就是有效的有氧运动对人的体能、情绪、思维和智力都有重要的牵引作用。由此，健康生态的运动是运动技能内隐学习机制追求的目标，更是全民体育背景下，运动技能学习发展的终极目标。

其次，生态化学习方式对健康学习的赋能表现。说起生态化学习方式就不得不提到外显学习。机械教条的外显学习方式，以控制感和意识控制为手段，对运动技能学习强加了一种技术屏障。有时候，这种技术屏障会成为运动技能学习的保障，但也会造成一定的压力。运动技能的生态学习方式是健康的，生态化赋能健康学习能够减少相应的障碍，其健康指标和健康数值是经得起推敲的。一方面，生态背景下的健康运动要回归自然，通过与大自然的接触，生态化的学习方式将运动技能变成一种常态化的心理认知和感知行为。将健康与生态关联起来是要实现系统的循环和健康运动的持续性共振。因此，生态化的健康运动既是学习的过程也是学习的结果。另一方面，运动技能内隐学习机制的健康要义在于提倡运动技能学习过程中，调动学习资源完成生态化的模式架构。不仅从需求层次满足身体机能的各种需求，还能通过运动刺激学习条件优化，从而实现正确、生态的学习习惯培养。

再次，学习成果的健康生态博弈演化状态陈述。回顾学习成果认定，高质量的动作操作和自动化的水平都关乎控制感和爆发力的博弈。其间，身体与脑结构、脑结构与心理活动、思维与情绪、意识感和情绪等都在进行相同的博弈。如果试图将演化博弈理论代入学习机制分析中，运动技能学习机制的演化保证了运动结果和动机的协调有效。内隐学习充分调动了身体、脑机制和心理等学习资源，最终也实现了生态化的学习。将这种学习成果的认定理解为生态健康模式，运动学习的生态性就更接近环境、人、脑身心和爆发力的博弈。运动中，学习成果的博弈以最接近帕累托的方式取代传统的评价机制，将学习生态化和学习动机健康化，形成条线管理的关键节点，亦可以将传统的外显学习作为参照。博弈演化无非是将运动生态化的最优化指标融入健康标准中。反复推敲，运动机能的生态性和健康指标数值就以正向激励的方式树立了标准。健康生态的学习成果并不是让我们丢弃传统的理论，而是要扩展它，现在我们可以将健康生态的运动技能学习定义为大脑情绪回路系统的物理变化，由这种物理变化转向生理变化，运动技能内隐学习机制就名正言顺了。

最后，学习成果的多元认定。运动技能内隐学习成果的多元认定不是要将运动技能学习神话，而是要将专注力、学习能力、学习习惯、学习兴趣、精力和动机系统化，使分布在学习机制链式上各个节点的表现均构成学习成果的认定标准。健康生态机能与学习内容的完美结合，改善了神经机制的工作原理，以传统的外在条件作为评价手段的方法，不再以评价的优劣程度来体现成果，而是要考察运动中，个体的素养是否得到了提高。运动素养、学习素养、思维素养、控制感素养、爆发力素养，分别嵌入运动学习内容中的不同领域，多元化的绩效认定是对竞技体育的肯定，而生态健康的运动技能学习机制则是对全民体育的一种有力诘问。运动技能内隐学习的最大特点就是盘活脑机制神经元的资源，不将传统的运动学习作为评价的手段，也不再将资源的贡献视为偏好和接纳习惯。毕竟运动技能内隐学习机制是以思维驱动思想，以思想支配运动目标，以运动目标辐射运动过程的学习方式。无论是哪种评价方式和成果认定策略，都应该是科学的。并且脑机制的充分利用会导致细胞的刺激和再生，决定了运动学习由动机到思维、由思维到酝酿、由酝酿到过程、由过程到控制、由控制到结果的评价体系，最生态、健康的机能便是运动技能内隐学习机制的自然状态。

3.3 环境塑造下运动技能的多元拓展

3.3.1 全民体育下运动技能学习"寡头"现象剖解

运动技能学习继承了运动学习的优势，所以内隐学习机制显得有些曲高和寡。全民健身背景下，运动技能学习有些多余。普遍认为，运动谁都会，不需要学，但是真实的状态却是运动技能学习的市场空间还很大，大多数民众对运动技能学习保持了中立态度，不表态，不反驳。从专业化的视角看，运动技能学习是高校的事情，是专业领域的事情，更是运动员的事情，民众不需要过度学习。在这样的情况下，运动技能内隐学习就更加无人问津了。学什么，怎么学，学了有什么用？一度成为民众对运动技能学习的疑问，也造就了民间体育环境下，运动技能学习的"寡头"现象。运动技能内隐学习其实并不是茕茕孑立，相对而言，外显学习轰然爆发的那一刻起，神经学家、生物学家、运动心理学家以及相关的从业人员就已经深刻认识到运动技能内隐学习机制的发展内涵。

实践层面对运动技能内隐学习机制的研究分析立足于如何由理论到实践，再通过实践塑造运动技能内隐学习范式。围绕学习范式探讨运动技能学习的环境与多元拓展势在必行，也更有利于运动技能内隐学习机制的持续发展。

从反相关的角度剖解运动技能内隐学习机制的"寡头"现象，对于优化内隐学习的过程具有举足轻重的作用。

首先，运动技能学习的“华山论剑”。运动技能学习的“高冷”并不是徒有虚名，除了专业领域内运动技能学习具有高度盛誉之外，在民间的认可度和接受度却很低。老百姓认为运动的方式，应是怎么自然怎么来，不要过度学习。这种态度好比武林高手和手无缚鸡之力的秀才在对话。华山论剑不会成为学习的契机，反而成了运动技能从业者自嘲的一种说辞。全民健身背景下，运动技能学习，尤其是运动技能内隐学习机制从多头变为寡头，影响机理有其自身的特殊原因，更主要的原因还是推广力度较小。国内的体育专业期刊很少，导致众多的体育运动技能从业者“挤破脑袋”寻求其他的期刊发表论文。显见，运动技能学习的专业性和从属性决定了环境效应不能推动其社会化发展。

其次，运动技能内隐学习存在跨学科属性。相比于简单的运动技能学习，运动技能内隐学习机制跨度较大，生物学、神经学、疾病学、运动学、文化学、心理学和力学等多个学科交叉，造就了运动技能内隐学习的神秘感。从环境塑造方面观察，运动技能内隐学习机制的构建，技能拓展程度低、专业化的人才缺乏成为制约其发展的主要因素。此外，复杂的学科管理加剧了运动技能学习的复杂性，而且内隐学习的评价机制和绩效环境历来是运动技能学习的弱项。因此，基于运动技能内隐学习机制的环境构建，学科交叉、学习内容多元、学习方式抽象、学习能力参差不齐等都不利于运动技能内隐学机制的生成环境。另外，内隐学习方式继承了传统的语法排序，从认知的功能角度，类似于人工智能和计算机，这又为运动技能内隐学习蒙上了一层“面纱”。外行人一看不觉其然，内行人则将内隐学习机制的内容过度神话。

再次，运动技能内隐学习机制的“面纱效应”。从理论层面观察，内隐学习机制与外显学习机制的差异有两点，一方面是运动技能内隐学习机制相对神秘，被学术界蒙上一层神秘面纱；另一方面运动技能内隐学习跳出了神经科学和体育科学，以语法排序、认知驱动和感知行为支配的接受模式，开启了运动技能内隐学习的优化模式。从环境塑造和运动技能拓展层面观察，运动技能内隐学习机制与环境和技能目标的实现都存在很大的差距，能否通过环境塑造改善运动技能学习质量，既要考虑运动技能的神秘面纱消解，还要考虑从理论层面完善内隐学习机制的实现环境，改造学习要素。

最后，运动技能学习教学机制缺乏优化。运动技能内隐学习机制优化的重点不仅在于如何学习，更在于如何教学。从跨学科的角度看，体育学、运动心理学、生物学、神经学科和疾病学,这些学科的教学具有明确目标导向性,一旦突破了教学约束范畴,运动技能内隐教学机制就显得力不从心。因此,优化教学机制更重要,也更关键。一方面,运动技能内隐教学牵涉众多学科。学科目标明确的状态下,运动技能教学可以通过多元的侧面因素,将教学模式以结构性的安排嵌入教学实践中,更合理地改善教学环境和教学目标。另一方面,运动技能内隐教学不具有系统化的教学模式,也不具有脑身心联结为一体的教学目标。所以,运动技能内隐教学机制应当考虑多元化目标共振下,教学环境的塑造和教学条件的架构。此外,运动技能内隐教学应当摒弃教学中的顺从主义,要善于发现和创造,还应当构建创造性条件和环境的应激机制,有效改善教学中的信息传导和记忆模式。在实现技能拓展的同时,环境塑造中的各项素养建设和能力建设也应当作为学科的重点。

运动技能内隐学习在环境建设和能力培养方面,被贴上了"寡头"的标签。要消解寡头的影响,则需要通过学习机制的构建和学习模式的优化,并在运动技能内隐学习机制的建设中,以贴合性、契合性为学科环境建设的要点,改善环境,优化各个节点之间的协调能力,从而实现更为理想的学习模式架构。

3.3.2 "两型"机制中运动技能学习方式的创新

2005 年,中共中央提出了要建设"两型社会"。资源节约型和环境友好型的战略要义对社会资源和社会活动造成了深层次的影响。运动技能内隐学习机制主张运动学习的方法创新和内容创新,从而保证了学习模式的结构创新。随着全民健身运动的持续开展,运动技能学习由专业化迁徙到社会化。在社会化的大背景下,运动技能学习升级为健康生态的运动技能学习战略。运动技能学习方式创新具备以下几个主要条件。

首先,技能学习到素养学习的转变。在运动体育长足发展的环境中,运动技能和运动素养形成了全民体育的环境。全民体育背景下,运动技能学习创新不是单个动作的创新,而是要创新考察运动技能在多元化环境下的发展态势。我们将运动技能学习定义为单元化、碎片化的学习,其与体育发展的环境不匹配,造成了运动技能的单边化发展。实现技能到素养的转变,一方面要通过运动技能学习环境的改善,强化运动中关联要素的作用。另一方面从运动技能机制学习到素养学习,讲究运动技能和运动素养的核心能力提升。在学习机制完善的条件下，运动学习单元化、碎片化，对脑机制神经元、运动练习者的身体控制力、平衡感以及其他关联要素都能形成较好的驱动和支配力。运动技能学习主张动作操作的巩固学习，忽略了环境影响和身体条件的影响，而素养学习则是将全面贯穿运动学习的资源充分利用起来，形成生态化的学习模式。基于生态化和资源利用型的学习方式创新，将素养转变为核心能力，使运动技能练习者大大提升了运动学习的效率，兼顾身体、脑机制和心理活动的过程学习改变了产出效应，加快了运动技能学习内涵的发展进程。

其次，运动技能内外兼顾的学习趋势。运动学习的内在条件是指运动技能学习个体的生理条件、身体条件、智力条件、心理条件以及控制感和爆发力。前文已经对运动技能的内在条件做了较大篇幅的辩证分析，融合内在条件和环境条件的学习塑造性刺激着运动技能内隐学习的发展。外在条件则要追溯运动技能学习的环境、隐喻性、场景设置、运动过程和评价手段等。内外兼顾是要实现内外目标的一致性。以动作完善和自动化的标准，建立内部条件的反馈机制，将信息传导、记忆模式和运动方式方法统合为运动技能学习的综合能力，但是这并不是核心能力。由于核心能力要适应所有环境下的动作操作，因此，核心能力兼顾了控制感和身体平衡，将学习的方式演化为了一种动态机制。相对而言，运动技能学习的核心能力培养更注重运动技能的能力拓展。在相对稳定的环境下，个体核心能力会稳定发挥。在不具有运动稳定性的条件下，运动技能练习者则可以通过内部条件的控制适应外在环境，从而达到学习目标。内外条件影响均衡已经成为运动技能学习的重要影响元素，学习创新不仅要从动作操作层面满足环境需求，也要在差异化的环境下，通过调整内部条件，衔接外部条件，改善运动技能学习质量。

再次，运动技能学习目标的创新共振。技能拓展到环境塑造，为运动技能学习方式介入“两型社会”的学习环境中创造了条件。运动技能学习目标遵循了资源节约型和生态友好型社会的规律和原则，从目标实现的阶段性成果观察，运动技能内隐学习方式创新了资源的利用率，通过对身体要素的调节，实现了学习能力和学习内容的对接，有效地将学习目标和全民健身结合起来，动态化的学习方式创新了学习成果的检验标准。另外，内隐学习和外显学习机制巩固了运动技能学习的阶段性目标，以阶段性目标为牵引，将资源节约的宗旨和生态友好型的理念渗透学习目标，以技能拓展和方式，创新的手段实现了运动技能学习的多元目标共振。如果将运动技能内隐学习目标设定为学习方式的评价标准,这个标准是孤立的,不具有实效性,同时也不具备科学性。为了促使运动技能学习目标能够跟踪运动技能内隐学习机制,"两型社会"理念在动态化的运动技能学习环境中,所具有的作用是显著的,而且具有关联性和正态性。

最后,运动技能学习与"两型社会"建设的必然联系。运动技能学习的过程由资源和生态的特征决定。过程所具备的优势充分利用了运动技能学习的资源,以资源的类比方式实现了均衡。在运动技能学习的链式中,身体资源、生理资源、智力资源和身体机能的资源都通过合理寻租的方式,在运动技能内隐学习机制中得到了更为合理的拓展。而最接近生态化的方式就是最合理的方式。也就是说,运动技能学习的生态化不以人为意志转移,而是要充分用资源,形成生态化的资源架构,从运动、心理、脑机制、情绪表现、控制感、爆发力以及身体平衡感等多个角度观察。运动生态化学习也有利于运动技能内隐学习的社会化,从而增强学习方式的推广能力。

运动技能内隐学习机制作为后奥运时代体育运动学习的主要方式,其结构性的创新已经满足了高效体育发展的需求,学习方式创新则是从微观层面对运动技能练习者的身体、心理、智力和脑机制神经元层面优化学习方式对运动技能拓展的影响。无论是全民健身还是竞技体育,运动本身的学习属性已经得到彰显,创新方式方法不再是满足体育发展的必要条件,反而具有一定的应然性。

3.3.3 运动和学习一元目标和多元机制比较

运动和学习具有相关性,也存在反相关性。运动和学习的目标在不同的语境下存在合理差异。如运动的目标就是得到更好的学习条件,学习的目标则是提高运动质量,相对地提升全面学习的质量。运动目标和学习目标的结合,形成了具有共振作用的运动技能内隐学习机制。为了检验运动技能内隐学习机制的实践能力,我们试图比较运动一元目标和学习多元机制。

首先,目标机制的增益性比较。一元目标下的运动技能拓展,其增益性很强。由于强势的增益作用,运动技能内隐学习机制除了满足运动学习本身的要求之外,还能根据运动对体育课程学习能力的要求实现需求提升。但是运动技能内隐学习具有兼得性,特别是在课程设置方面,运动技能学习的多元机制虽然不能确定多元结构的学习方式对学习能力的驱动作用，但是运动技能学习实现了目标增益、效果增益、过程增益和评价增益。目标机制的增益性从不同侧面反馈了运动技能学习机制的综合目标，以及改善学习能力、运动能力为导向的主体目标。在整个学习的过程中，其他要素也存在习得性增益。主要表现为：运动技能内隐学习机制能够改善心脑联结，有效地使工作记忆和脑神经元产生的超级记忆形成全新的学习思维，并实现学习思维到学习素养的精准转向。运动技能内隐学习能够实现情绪控制和身体惯性的均衡，不仅以肌肉记忆和工作动态的有效管理为驱动手段，支配运动技能学习由内而外地改善学习的结果，还能够将抑制力、意识感、爆发力和控制感协调成运动技能内隐学习机制的核心增益节点。相较于目标机制下的增益性，运动技能学习的普遍性和内隐学习方式的专属性，决定了运动技能内隐学习机制可以通过合理的条件比较，适应于运动技能学习和其他学科学习机制的目标构建。

其次，一元结构和多元机制的学习环境比较。学习环境比较必须明确运动技能内隐学习机制的一元目标。前文中，我们提出运动技能学习的二元以上结构，但是并不存在运动技能学习目标的二元结构。运动技能内隐学习的一元目标围绕多元机制的学习环境，对内隐学习环境优化产生阶段性的影响。比较学习环境的一元机制和多元机制，可以看出：一元结构下的目标机制和多元的运动模式产生了比较敏感的条件，尽管一元目标的优势比较明显，相对来说，多元机制和多元价值在思维共振的基础上，对脑身心的改善作用并不能依赖这种宏观的优势。相反，微观层面的比较则会区别运动和脑的协调，身体和心理的协调，智力和心理的协调，情绪与感知性的协调。统合起来，运动技能内隐学习机制的一元结对应多元机制的学习环境，其学习方式的创新还要依赖运动技能拓展对其他要素的影响。

再次，能力视角与环境改善对称比较。技术能力和环境改善并不对称，运动技能学习中，内隐学习方式不太关注技术能力的发挥，反而通过场景设置和环境隐喻性突出运动技术的能力。能力视角下的运动技能和学习目标受到环境影响，充分体现了个性。伊丽莎白·潘尼斯在《科学》上发表的一篇论文中，描述了鸟类、蜥蜴和蜘蛛在运动技能影响下获取食物的行为探索，它们之间的个体差异必然存在，但是个体能力和环境的对称则影响了它们获取食物的效率。显然，在能力条件下，运动包括了脑运动和肢体运动，双向运动受到的阻碍也是双向的，因此，改善运动能力，促使运动能力和环境对称,从生物学的角度能证明了个体差异和环境影响之间的差异。尽管这种差异不具有显著性,也不会过多受到环境影响的干预,但是却会影响创造性的发挥。

最后,运动和学习组织结构创新比较。传统的组织结构包括运动技能学习的组织者、中介以及教学组织。具体到本节的研究中,运动技能学习的组织结构表现为两点。第一点,运动技能学习的动作操作组织。肢体和肌肉是动作技能操作的主体。运动学习中,动作操作的基础,通过动作练习、动作学习和动作完成促成了连贯的动作操作管理组织,看起来这个组织从始至终具有一定的全面性。但是,运动技能学习组织还是要受到动作技能的操作动机和最终评价影响的。因此,仅仅有动作操作过程是不够的,而应当实现动作的全过程管理。第二点,运动技能学习的驱动组织。脑机制神经元对运动技能学习的动机、目标、过程、结果和其他关联因素都具有指导、指挥和控制的作用。也就是说,运动技能内隐学习的中枢指挥以脑机制神经元为主,协同运动技能学习需要的元素,开展信息整合、记忆加工、动作操作和思维辩证。具有整体协调性的运动技能学习组织结构通过脑身心的联结,对运动技能学习过程、质量、目标和运动评价提出了更高的要求。运动技能内隐学习则是以嵌入方式,使更合理的组织创新和学习创新形成一定的场景和隐喻性,拓展了能力视角下的运动技能学习方式的创新。

比较一元目标和多元机制的过程和动态,不难发现:运动技能内隐学习尽管存在合理、科学的一元化目标,不过它同样适应多元机制下的运动学习能力的提升。以不同要素的增益性为客观表现,主观层面一元目标对运动技能内隐学习的进一步优化和巩固,提出了建立学习机制优化目标和增强运动技能学习的多元适应性目标,更有利于运动技能内隐学习机制从理论到实践的迁徙,也更加强调了运动技能学习创新要实现多元兼顾和内外兼顾。

3.3.4 技能增益性对学习模式的变量影响结果的探究

运动技能学习具有普遍增益性,在动态环境下,技能增益性分别具有自变量、中间变量和标量拓展的特征。由于运动技能内隐学习机制在脑机制和肢体表现的支配下,以合理的方式进行量变,而变量的结果很可能产生一定的伪回归。所以,探究运动技能内隐学习机制的客观变量,并通过分析变量对运动技能内隐学习可塑性、协整性、机理性以及学习自性产生的影响,最终可以有效创新学习方法。

首先,技能增益的自变量描述。运动技能增益性以运动技能的表现结果为基础,增强运动的频率、结果的实效性、运动的关联组织活跃程度以及实现运动思维的形成。特别是基于记忆模式的创新,运动技能增益的自变量体现了在运动过程中记忆方式的转变。传统理解中,肌肉记忆和工作记忆在某种特定环境下产生的记忆增效可以改变运动的动机,将运动动机设立成自变量的泛函约束指标,就可以形成运动技能学习自变量的规律。运动技能增益的自变量表现为几个方面。

首先,运动技能增益改变了记忆模式和信息传输路径。罗伯特·德西蒙研究行为神经生理学时,对脑细胞的特定任务条件下的记忆模式开展了研究,发现脑细胞记录神经记忆时,以细胞增加来优化记忆模式,并针对信息的传输,对海马体进行电活动。显然在电活动的刺激下,运动技能增益性将工作记忆传输到内测颞叶和关键脑区,脑机制的记忆系统自觉地改变了信息传输的路径。由此,我们看到了脑神经元在技能增益的条件下,生成运动记忆。运动记忆并不是不变的,而是随着运动环境和相应的应激条件变化而发生变化。这种自觉变量就构成了技能影响下的记忆方式和信息传输的模式变化。观察其量化标准,则要根据运动的不同再进一步细分。

其次,技能增益的中间变量描述。所谓的中间变量也可以理解成运动技能内隐学机制的不变量。运动技能练习者作为学习的主角,其角色定位是不变的,但其能力变化可能影响技术发挥的变量。但是在能力增益的状态下,运动技能内隐学习个体角色在变量中,不以个体条件发生角色变化,但不断产生思维共振。相比较,思维共振的量变需要运动技能增益性对脑机制神经元产生正向激励。通过正向激励,多脑结构对运动的实质操控并不能促进技能增益性发挥作用。所以,运动中,脑机制神经元和个体的角色基本相同,不能直接指挥动作完成。动作完成中,个体能力加上运动技能增益性,对个人的能力发挥不会产生绝对影响。所以,增益性条件下的机能改善,对肢体和肌肉产生的影响并不会刺激其产生变量。这种状态下,如果学习方式不能得到改善,个体的技术能力不会发生变化。内隐学习机制对运动技能的能力拓展的影响显著,呈正相关。相对而言,运动技能增益还是要体现在学习方式改进的基础上,而不是依靠个体能力增强影响动作技能的实现变量。

再次,技能增益和学习方式的变量拓展。技能增益与学习方式变量呈递进关系，相互之间的变量以博弈的方式开展演化。技能增益以学习方式创新的手段，对运动技能操作实现了信息递进和记忆跟踪。相较于传统的外显学习机制，内隐学习机制优化信息的功能更强。在传统的技术改进路径上，思维共振以驱动力实现了对运动要素的状态管理和跟踪。尤其是运动技能增益条件下，身体脑和多脑结构共振，产生的爆发力会导致运动个体的技术实现变量。但是要考虑到运动技术自变量的条件下，脑机制参与了运动决策、运动动机和运动过程的优化，对动作操作的技术指导进行了脑智力、心智力和情绪控制。这不仅不会影响身体平衡感，反而对平衡感和爆发力形成了辩证的抑制力。当然，技能增益还会以意识感的作用对运动爆发力进行一定的功能削弱，脑机制的决策能力产生变量时，运动爆发力的技术能力影响指标始终处于脑机制的决策体系内，为此，运动技能内隐学习方式的重要性再次在技能增益的系统内得到了验证（见图 3-4）。

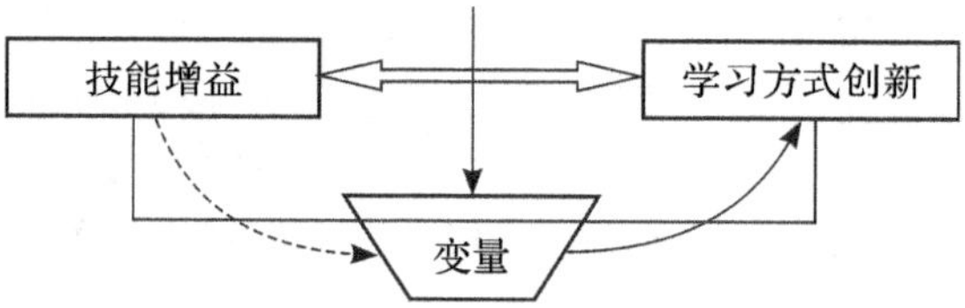

图 3-4　技能增益与学习方式创新的变量拓展模型

最后，变量创新与模式变量的辩证关系。技术能力、思维能力、决策能力、运动控制感、运动爆发力以及环境影响等要素的集体变量，促使运动技能学习机制创新，而相应的学习模式创新则回应了技能变量创新的信息导向。一方面，变量创新以学习效率、效应和效益对产出产生影响。变量建立在技术增益性的条件下，相应地以思维共振的能力适应宽泛的学习机制，表现出来的变量创新不仅会改变学习的结果，同时也对学习模式的构建产生了强烈需求。另一方面，模式创新对变量创新的辩证剖解。模式创新以内外兼顾和身心脑协同的手段，改善了学习方式和学习内容。传统的外显学习则强化了锻炼的效果，通过持续运动来改善动作的自动化水平。而学习模式影响下的创新变量，一方面是以思维共振产生决策变量和管理变量，另一方面脑机制的记忆模式和爆发力的管理状态都对模式变量形成正向激励。所以，变量创新和学习模式创新无形中会以另外一种方式刺激运动技能学习由外显转向内隐。

3.4 文化积淀中内隐学习和运动技能的外在张力

3.4.1 体育文化的“羊群效应”与机制改革

文化积淀的根本在于,以文化的影响力和感染力创新运动技能内隐学习机制的内容和方式。体育文化在全域文明中发挥了重要的作用。十八大以来,各地方政府为了全面推动全民体育,利用文化机制的感染力和影响力,打造了健康、生态、多元、正向的体育文化。但是不能否认体育文化的渗透过程中,“羊群效应”以其独特的方式形成了一种畸形机制。目前,运动技能内隐学习机制建设中,想要有效地解构这种从众效应,更要立足于内隐学习机制优化建设的基础上,将这种效应转变成一种文化竞争优势。针对“羊群效应”的体育文化影响,以假设和虚拟运行的方式,改革当前运动机能内隐学习机制已经势在必行。

首先,体育文化的从众效应解读。体育文化延续了体育精神在运动实践中的影响力。新中国成立以来,各种体育运动百花争鸣。随着体育运动悠久的历史被发掘,在民间更为广泛的运动效应得到了普及。洛杉矶奥运赛场,许海峰打破了中国奥运史上零的突破,对国人的运动锻炼热情形成了较为强烈的刺激;电影《少林寺》上映,举国上下掀起了一股武术热潮,武术随后被列入了奥运赛事;20 世纪 80 年代女排精神激励着新一代的年轻人,举国上下欢喜鼓舞,排球也走入寻常人家;1990 年第十一届亚洲运动会在北京举办,国人除了对传统的体育运动项目的认知在加深之外,其他一些具有竞技体育特征的运动项目也受到了大众的追捧;2008 年北京成功举办奥运会,体育文化至此在华夏大地得到了前所未有的普及和推广;后奥运时代一大批运动项目脱离了竞技体育的形式,更灵动地出现在百姓生活中。这一切影响全民体育的文化现象,快速提升了国人的运动水平,而且在学习机制方面,运动技能学习也成为风潮。此起彼落的体育活动感染着百姓的情绪,从众效应此时在体育运动的愈演愈烈中更有利地佐证了体育文化的方兴未艾。体育文化的“羊群效应”与其说是一种举国效应,不如说是体育文化的滋生和繁荣。

其次,“羊群效应”下的文化与智力标准。举国体育和全民建设运动在后奥运时期得到了强势发展,特别是2008年以后,体育运动以文化嵌入的方式,在各地方政府和民间社团的推动下形成了一股消费热潮。体育被冠之以文化符号,实质层面的体育文化加上“羊群效应”使得运动技能学习走到了台前。尽管此时的体育文化达到了空前繁荣,但是真正意义上将心智、脑智、思维共振等应用到运动技能学习层面的模式尚未成熟。全民体育更加注重外显学习,而内隐学习机制更像是一个带着神秘面纱的羞涩少女,只能默默地对着方兴未艾的体育文化“暗送秋波”。体育文化与“羊群效应”的繁荣景象由于缺乏文化智力的介入,犹如空亮。2010年,国内学者开始转向了对体育运动技能内隐学习机制的研究,经验匮乏和时间问题使得体育文化中的智力标准仅仅是口头上的一种理念,并不能对运动技能学习形成有效驱动。但是内隐学习机制的导入为体育文化与智力标准的架构开了先河,也实现了对全民体育赋能。

再次,体育全民性范式下的文化消费语境。体育全民性范式决定了运动技能学习机制作为一种消费品得到了体育爱好者的偏爱。当然,以文化符号为表征方式的体育运动在爱好者的偏爱下,也由运动项目和赛事转而成为消费品。文化消费语境下,全民体育范式虽然关注了体育文化的影响力,但是对运动技能的学习机制和方法,始终保持了一种黏性。由于全民体育文化缺乏对运动技能的调节作用,所以仅仅从文化的传导力层面,对运动技能学习形成了特定的环境,而不能根本推动全民性的学习方式创新。“羊群效应”将运动技能学习定义为消费语境下的一种产品,而且关联产品和运动技能学习的文化,虽然不具有学习的表征特点,但是却以文化特殊的传感方式,将内隐学习机制的优势传到了运动内容中。在消费文化的语境下大众健身锻炼时对运动技能内隐学习产生了一种依赖,毕竟生态的、健康的健身方式才是驱动运动内涵发展的根源所在。

最后,文化机制和技能学习的从属关系解构。文化机制和技能学习其实更像是鸡和蛋的关系,到底是先有文化还是先有运动技能呢?显然无从考证。不过从实践层面观察,运动技能学习要依赖文化的影响力和传播环境,而单一的高校教学机制并不能将运动技能内隐学习机制推向社会。依靠学术成果转化,运动技能内隐学习机制的神秘面纱并不会进一步被摘掉,反而会更加神秘。所以,运动技能内隐学习机制在文化消费语境下,要建立一种相对完善的关系,明确文化机制的作用,在推广和普及中,将文化作为先导,改善学习环境和学习内容,将运动技能学习建设成为一种常态化的文化图谱，借助体育文化和“羊群效应”加以精准推广，由此，运动技能内隐学习机制必将会更加社会化和专业化，普及范畴也会从院校渗透到民间，由竞技体育转向全民体育。

改善“羊群效应”对体育文化的间歇性作用，一方面要根据从众效应，建立完善的学习机制，增强学习环境的可塑性。另一方面要将体育文化和运动技能的价值、策略、战略以及演进方式协调起来，形成创新的氛围，更好地推动运动技能内隐学习机制潜在张力的发挥。

3.4.2 学习过程和肢体进化的运动兼得性发现

文化语境下，学习过程和肢体进化是一致的。运动兼得性既保证了文化元素在运动技能学习中的贯穿，也保证了肢体进化下学习方式的创新。所谓的肢体进化不是骨龄会增长或缩减，也不是某个神经会具备跨功能的可及性，而是平均身高增长、运动从业年龄降低、运动生命周期延长、运动技能创新周期缩短等。这些改变并不是先天的，需要通过后天获得。所以，文化语境下的运动技能学习机制促进了学习过程优化，也改善了肢体进化条件下的运动兼得性。

首先，运动技能学习中动作进化的习得性。动作进化更有利于身体爆发力和控制感的协调。在身体平衡的状态下，运动技能学习促进了动作简化，虽然都会不同程度地持续锻炼，尽可能满足动作自动化的要求，但是动作进化习得性和运动兼得性依旧存在一定冲突。比如，在运动技能学习中，动作完善会以延长运动练习者的职业周期为节点，驱动运动学习中的方式创新。学习方式一旦实现创新，运动技能内隐学习机制就会将动作进化的习得性改善作为学习条件。由于学习条件得到改善，运动兼得性的效益就会下降，必然影响学习过程中的思维能力共振和神经元的信息传导。从运动技能学习方式兼得性的角度会发现，以运动技能学习方式创新，运动会增强脑机制神经元细胞再生的能力，并实现了思维能力的拓展。这种兼得性有益于运动技能内在学习模式的架构，也有利于运动技能学习的内外平衡。借助外部条件促动，内隐学习对脑结构的改善不一定具有显著的效益，但是整体效益层面却保证了运动技能学习机制的产出均衡。

其次，学习过程与运动兼得性的整体收益。学习过程的收益非常明显，锻炼刺激了神经机制，对运动记忆和工作记忆产生了叠加效果。运动思维驱动运动要素，在持续锻炼中增强了运动的自动化水平。如果不借助脑机制神经元的内在力量，学习过程运动兼得性的收效微乎其微，而一旦借助脑机制神经元的思维能力，运动学习过程就是辩证思维和发散性思维的过程，这就塑造了运动技能兼得性的思维习惯。考虑到运动技能兼得性的产出效益，锻炼肢体和肌肉的同时，对脑机制神经元进行回馈，运动也通过脑回路和运动方式创新，使大脑的各个结构脑实现了思维对称。因此，在产出效益的基础上，运动学习过程与运动的循环机制产生的逆向关联性，对运动技能内隐学习机制存在正向激励。兼得性收益和习得性收益，都是运动产出绩效中对运动学习方式的肯定。内隐学习方式差异化的激励机制、表现形式和运动方式，对脑神经、控制感、爆发力和动作操作都系统地进行了修正。相对而言，修正的过程既是学习的过程，也是运动技能创新的过程。所以从收益比较层面，内隐学习机制远比外显学习更具有凝聚力，能对身体机产生效益，促使运动效率提升，从而改善了学习方式不能创新的窘迫语境。

再次，运动学习对肢体记忆的改善路径描述。运动学习文化受到体育文化、技能培养文化、核心竞争优势文化等影响，使得运动技能学习中，工作记忆可能会对文化语境产生一定影响。脑机制神经元驱动运动脑参与决策时，运动脑会协同体育脑和文化脑对决策内容进行审查。因此，记忆模式的改变以增加信息拓展的脑回路为运动技能学习赋能。技能培养文化语境下，运动技能学习则关注动作操作的技术能力，肢体记忆会快速转变为工作记忆。简单的工作记忆明确了运动技能学习的任务时，会通过工作记忆形成肢体突显性给脑机制神经元以及大脑神经中枢发送信息，脑回路则通过另外一种信息加工机制对运动技能学习实现支配。比较优势下，运动技能学习中会比较脑神经元习得性和肢体习得性，然后将信息加工为对称的信息，自动选择更具有优势的方式。脑回路在学习中的选择更偏爱优势更强一些的学习方式。

最后，学习过程与运动偏好的有机矫正。学习过程与运动偏好既有一定的合理性，也存在一定的离散性。基于文化语境下的学习过程和运动偏好的博弈，并不是神经元的博弈，而是文化的博弈。当然我们无法观察文化影响在其中的作用。一方面，学习过程中如果仅仅依赖外显学习机制对运动偏好进行纠偏，就要借助外显学习机制中的持续锻炼和运动增量来体现运动偏好的弊端。如果内隐学习机制中的文化语境介入学习模式中，则会利用条件比较、结果假设、思维检验等手段进行检验，也能够利用这些要素对运动偏好进行纠偏。另一方面，运动技能学习的兼得性既要体现对运动过程和结果的保障,也要体现运动对脑神经、思维、情绪和心理活跃等产生的关联影响。如果产生影响与运动技能兼得性是正向相关的,这说明运动技能内隐学习随动作偏好存在纠偏的功能,从运动技能学习的层面就完全可以理解成有机矫正。

3.4.3 文化赋能与学习激发对运动技能的唤醒

运动技能是不断变化的,文化赋能和学习条件激发都能唤醒运动技能的潜在能力。运动技能内隐学习机制创新运动文化和体育文化,受到双向文化赋能的影响,运动技能的可塑性会产生于一种替代机制。神经学家弗雷德·哈盖奇在研究中提出,新生神经与环境的相关作用不仅体现在情感认知上,还体现在情感认知的适当条件上。那么文化赋能和学习条件激发就是剥离了情感认知的适当条件。文化赋能拓宽了脑神经思维共振的路径,学习激发条件则是独立完成了学习硬件的配置。对于学习过程的管理,还是要交给文化赋能的作用力去协调和整合。有氧运动和复杂活动会对我们的大脑产生不同的有益影响,它们之间相互服从,相互调节。因而,文化赋能会对记忆生成,尤其是超级记忆生成产生关键作用。即便是运动技能处在沉睡状态,海马体也并不会到一定程度自己就会停下来,主动中断神经回路。学习是前额叶皮质指导、调动许多脑区域共同参与的过程,那么,技能唤醒则是单向脑的自觉反馈。文化赋能和学习激发条件是如何唤醒运动技能的呢?以下,我们做个比较简单的分析。

首先,文化与激情赋能技能塑造。运动技能塑造的前提条件是有一定的思维辨识能力,一方面是要对身体惯性和运动偏好有所认识,然后改善动作偏好和身体惯性。我们先不要将身体惯性的改造界定为可以改善的后天条件,或者对后天习惯所造成的运动偏好进行脚本安排。文化赋能与运动激情在运动实践中,会突破脚本安排和身体惯性的制约,实现动作操作的潜意识爆发。另一方面,运动技能学习要把抑制力和控制感作为运动动机的决策投票器,抑制力和控制感如果都对运动技能学习偏好和身体惯性投出反对票,显然需要一定的补救策略来完善学习过程。结合两个方面的赋能空间和具体条件,文化赋能可以产生运动激情,运动激情的意识感增强会将运动技能塑造定格为爆发力影响下的动作操作优化。因此,内隐学习机制从情感、文化、脑机制等多个方面都创造了可塑性的条件,也正是这种条件创造,提升了运动技能内隐学习机制的效率。

其次，理论影响下的文化创新和技能改善。文化赋能是主观意识形态，也是文化创新背景下，运动技能学习的关键节点。技能改善具有一定应然性，文化赋能理论不仅针对运动技能学习，对其他学科和行业亦是如此，且针对的学科较为宽泛。运动技能学习的意识形态下，文化创新有效地改变了传统的运动评价手段，并将运动评价机制嵌入运动学习机制。一方面，运动技能内隐学习中，文化共振以思维能力拓展和文化的多角度延伸，创新了文化的影响方式。在不断改进运动技能的场景选择和隐喻性的条件下，运动技能学习确立了脑机制神经元的主导地位。文化脑和运动脑的深度融合，使文化理念和价值渗透形成一种惯性思维，从而实现了运动技能的文化价值框架。另一方面，运动文化理论从运动、文化、机制、比较条件、价值以及运动技能的拓展能力等层面，微观观察了运动技能的文化触点，形成了以文化价值全要素影响的链式管理、跟踪和评价机制，合理推动文化理论在意识形态层面对运动技能学习的深度扩张。

再次，唤醒机制的价值赋能与绩效。体育文化对运动技能唤醒机制有两个不同的载体。第一个是价值载体。唤醒机制首先是从价值层面对运动技能学习的机制进行了整合。由于运动技能内隐学习机制的开放性和运动学习目标的价值归类为两个范畴，价值载体下的运动文化和意识感，对技能开放性的唤醒作用显著。第二个是绩效载体。价值赋能与文化赋能对运动绩效产生了不可逆的影响。特别是运动技能学习从价值和文化影响的作用层面，使技术能力的培养机制不具有直接创新的可能。体育文化绩效的载体是体育运动，唤醒机制的主体也是体育运动，多个目标指向体育运动的过程并不是偶然。正是由于运动技能学习机制的绩效有一定的负向关系，因此，绩效背景下的运动技能内隐学习机制，一方面是对运动技能作用力发挥的唤醒，另一方面对运动能力的拓展具有改造作用。

最后，运动技能学习觉醒和回归。运动技能学习的载体效应仍是学习机制的文化效益，离不开运动技能学习机制开放性条件下的自觉回归。运动技能唤醒主要是激活大脑，利用身心联结的力量获得幸福。其实，文化语境下的运动技能唤醒机制改变了身体内神经元的排序，内隐学习机制则像阿拉丁神灯一样，相对地将运动技能的文化属性、文化环境、文化影响和文化共振形成的文化语境演变为一种更理想的运动学习模式。这种模式的觉醒不是锻炼可以得到的，也不是通过身体惯性和脑思维共振就可以产生的。通过文化共振和价值认同，运动技能学习在体育文化的价值引领下，会更加有趣。它将会改善人类的生活状态,促使民众拥有健康、快乐以及令人羡慕的社交。

运动文化和体育文化一脉相承,尽管存在差异,但是在内隐学习机制中,为运动技能唤醒和运动技能的有效拓展提供了有效的外在条件。改变运动方式要依赖文化的支撑,改变学习方式还是要依赖文化的支撑,文化在运动持续发展和内涵发展中,不仅对运动技能的操作和渗透理念的施展具有重要的影响意义,而且对运动学习方式的自主性发展也至关重要。

3.4.4 兼顾技巧在文化价值尺度中的扩张

运动技能内隐学习机制的兼顾属性和运动过程的兼得性,见证了文化价值尺度下,运动技能学习方式的有效扩张。书本中更多的是关于脑机制神经元与运动技能学习的研究,在实践中,我们也会听到更多关于脑神经在运动中的主导作用。不过,无论运动学习方式如何发挥作用和改变,兼顾性和价值发现则构成了运动技能内隐学习机制的核心能力。

首先,运动兼顾技巧现实价值整合。运动兼顾技巧需要培养,恰恰是运动技能内隐学习机制可以培养这种技巧。当我们试图将运动兼顾技巧物化会发现:连接记忆的关键要素在于文化渗透和连贯。艾克斯维尔和米尔纳的突破性研究表明,陈述性记忆会将运动中大脑的改变描述出来。但是它并不是具体的影像化,也不能以脑机制神经元的方式将其表征出来。那么要体现这种记忆功能的发散,如果还是以外显学习机制为导向,很大程度上会由于记忆障碍而产生误差。显然,此时的文化影响就该登场了。文化以脑机制中结构脑的角色出现,文化脑对运动脑和体育脑进行信息驱动,并以思维共振的方式将记忆凝练成一种思维技巧。莫特·米什金在研究动物的记忆障碍时发现:文化影响因素参与了记忆方式改变的过程。根据思维共振的影响力,文化因素参与记忆改善时,会将陈述性记忆表征出来,从而扩大文化的影响力,同时对运动技能学习的价值标尺也实现了一定程度的趋同。

其次,学习兼顾性的价值输出模式。文化兼顾技巧除了改善脑机制的思维作用,还可以在运动技能练习中,有效地将文化价值、运动技能目标实现、思维共振和运动操作抑制力转化为同一性的学习框架。学习兼顾性的价值输出模式存在两个方面的主要内容。基于运动技能内隐学习机制的需求,学习兼顾性一方面实现了运动技术能力到文化内涵的转变,运动技术能力的价值在于影响运动学习方式、运动学习内容,架构全新的运动思维。而运动技术能力对运动文化的影响,则体现在运动文化和体育文化叠加效果更明显上。运动背景下,学习机制由于文化脑的参与,更加主动地针对运动模式中的学习能力和文化感染力创新学习环境、机制,从而确立运动技能兼顾性学习的内在价值。另一方面运动技能层面的理论影响并不受到文化价值的驱动和支配,但是文化兼得性和运动兼得性在面对同一目标参照时,产生的运动技能学习过程管理具有很大一致性,需要借助外部条件才能消除兼得性的惯性。也就是说,在运动技能内隐学习机制中,运动兼顾性和文化兼顾性对运动技能学习具有双相关性,既有外部条件的影响作用,也存在合理的内部条件影响。

最后,技巧与技能比较下的价值渗透。运动技能和运动技巧分别属于宏观和微观层面的两个象限。从价值方面来观察,运动技能的价值渗透具有思维辩证的能力,以思维影响条件为导向,以学习创新为目标。运动技能学习的参与主体都不同程度受到了脑机制神经元的影响,属于学习的内部条件。运动技巧则是通过动作惯性改善和建立身体平衡感。在运动中,将技巧和动作偏好进行比较,则会有意识地控制动作的质量。从价值渗透的效果来看,运动技能内隐学习注重系统化的模式创新,而运动技巧则关注某个动作的局部创新。因而在文化语境的比较条件下,运动技能的价值渗透更有利于运动技能内隐学习机制的建设,而技巧价值的渗透,则是对某个动作或者肢体局部有显著作用,但是并不能形成真正意义上的运动绩效。

运动技能内隐学习机制以运动兼得性和兼顾性技巧,改善了运动技能学习的全过程,将运动技能学习的隐蔽条件和内隐性的要素放置在运动最优水平,使运动技能学习与文化、脑神经元、智力和心理活动处于相同的象限,改善了运动技能学习方式的同时,对运动效果和运动技能的操作质量提升也有促进作用。

运动技能内隐学习机制虽然没有对文化语境进行严格的定义和概念区别,但是内隐学习机制中,运动文化、体育文化和文化脑的作用始终围绕运动技能学习的目标开展服务。文化的影响作用抛开了神经学、生物学、运动学和心理学,仅就运动技能学习进行文化价值渗透,文化影响、引领、感染和交互的作用有效地延续了运动技能内隐学习机制的核心优势。

体育文化背景下的全民健身运动,撬动了运动技能学习与体育文化的黏性,以环境优化和技能兼得性为目标导向的学习机制,必然改善运动技能学习的方式、方法。当然,运动学习方法对运动技能学习过程、结果和感知行为产生的文化影响也是非常关键的。所以,运动技能内隐学习机制的文化积淀是由内而外的学习创新,更是运动技能学习内涵发展不可或缺的策略。

4 运动技能内隐学习机制的形态修正

运动技能内隐学习机制由理论到实践，较为客观地阐述了运动技能学习的环境创设、条件比较、目标改善和过程动态化管理等。尽管研究中，针对运动技能内隐学习机制的优劣势，以及运动技能内隐学习机制与外显学习机制的比较做了大量的描述，逻辑合理，比较条件成立，优劣势触点也较为敏感，动态化过程相对理性，但是并不能弥补运动技能内隐学习机制的一些缺陷。本书从文化、态度、思维和方法四个维度，就运动技能学习机制的形态修正提出了一些建议和思考。

4.1 文化修正

4.1.1 文化共振的错误引导纠偏

文化共振之所以能产生效力，尤其是在运动目标实现的过程中，文化共振以其独特的方式对运动技能学习方式和学习过程进行驱动和支配。由于文化引领作用具有一定的凝聚力，所以文化共振在运动技能学习中也出现了一些错误导向。

第一，文化共振实现路径差异化机理。文化共振集中了体育文化、运动文化、学习环境和学习习惯等要素，形成了一种特殊的文化实现机制。差异化学习目标和文化形成的差异化要求，一般表现为：差异化学习机制在特定的文化影响下，所塑造的学习目标要通过文化共振的能力拓展，将运动技能学习上升到机理层面。尽管文化的差异性、运动诉求的差异性具有同样的目标，但是在整个运动技能学习过程中，它们突出了文化影响在信号传输过程中的导向功能。一般而言，文化导向功能要打造特殊的信息流，并对新生的脑神经通道和运动技能学习偏好进行纠正和导向。因此，差异化的学习目标和文化黏性较强，所产生的决策力、导向作用和共振机制都不同程度地反映出运动技能学习对文化的依赖性。

第二，和而不同的运动文化诉求的局限性。和而不同的文化诉求建立在多元化的运动技能学习环境基础上，通过协同模式和运动操作技能整合，试图将多元的文化偏好和文化共振机制，以动态化的影响要素驱动运动技能学习开展。因此，文化诉求就会受到一定局限，其中，不同运动环境的文化突破能力有限，运动技能对文化共振机制的适应性有限。不同的运动环境对文化的附属作用有所差异，这种差异可能引发运动练习者本身的焦虑情绪。纽约大学神经科学家约瑟夫·勒杜克斯在研究中表明：环境的再生性对运动本身具有一定危险的信号表征。无论是焦虑还是运动信息的发生，都会刺激身体想要做点什么。因此证明，在环境差异化条件下，运动绝不是可有可无的次要方面，运动通过大脑内的神经信息流，以文化形式的驱动改善了信息传输的通道。所以，文化差异下，运动不仅能够应对焦虑，还能形成一定的挑战心理。运动技能对文化的适应性表现为不断改造的文化环境对运动技能的生理表征、肢体表征和心理表征都存在间接性的支配，当我们去健身房进行运动时，健身房的运动文化和其他文化之间的纽带也会刺激运动技能学习逐渐适应这种文化环境。但是文化环境与运动本身的适应性如果较差，在运动技能学习或者练习中，文化共振作用则会变化为双曲面的效应，对文化共振的滚雪球效应产生一定的抑制力。因而，在运动技能学习中，要削弱这种文化共振机制不适应的连锁反应，从而摆脱文化共振带给运动技能目标实现的消极效益，以及解决文化诉求和运动技能学习的冲突。运动文化、体育文化和学习文化都存在一定程度的支配力。在运动技能学习中，文化的调节作用至关重要。一方面变现为对目标的审查和决策，另一方面是对运动过程的影响和结果评价。此外，文化在运动技能学习中的传感力量具有正向作用。由于文化诉求的差异，它所塑造的运动技能学习机制产生的正向作用是沿着文化路径的节点，建立一个相应的中心节点。这个节点的作用被文化影响的功能放大，并实现了文化与学习机制的共振。但是这两者之间的冲突非常明显。所以，需要借助一定的工具消解这种冲突。这种冲突的危害性可能是影响运动学习目标设定的主要因素。也就是说,在运动技能学习中,文化为中心节点的学习模式,尽管可以满足当下的运动学习发展需求,但是并不能解决所有问题,其中包括文化诉求的唯一性诉求与运动学习目标多元机制的冲突。

第三,文化内生力量与运动技能失衡。文化内生力量产生的生理表现具有多样性,情绪是文化影响作用下的产物,抑郁症也是文化共振机制的产物。当然,我们对待这些生理和心理表征的方式,不应当持有对抗的态度,改善文化内生力量产生的消极现象,只有通过锻炼和运动能够改善其表征方式。如果将情绪转化为运动技能学习的润滑剂,情绪则会带动内啡肽和多巴胺的效应,形成对运动技能学习的内在驱动。抑郁症被公认为是世界上最具危害性的心理疾病,假设一个人没有任何文化素养,智力不够发达,便不会患上抑郁症。显然在文化内生力量的作用下,抑郁症通过寻租一个平台或者载体表现出来,这就是抑郁症患者为什么大都是高知人群的原因。思维、智力、教育背景和学识都决定了抑郁症的存在程度和发作程度。减轻抑郁症的患病程度,唯一的方法也是运动。显而易见,运动技能在文化内生力量的驱动下,需要形成一种自觉的抗体对应各种精神类疾病。在运动技能学习中,文化内生力量和技能失衡则关注了运动优势或者文化优势,两者之间的不匹配和失调导致文化态度层面对运动技能学习的破坏性影响。

第四,文化形态行为的再学习能力较弱。文化形态行为的认知,一般会停留在一种恒定状态,它不会永久学习。当一个运动技能练习者的运动技能达到一定水平时,他无论再怎么样加强文化修为,都不可能单方面改善运动技能学习的效果。因为文化形态行为在内生力量驱动下,形成了一种固态的认知。运动技能学习与文化共振机制所产生的效能直接驱动认知水平的进步,而文化形态则以反相关视角与运动技能偏好、身体特质、运动方法和运动目标修订形成一种偏好性的认知,对于如何改进运动技能本身的方法、方式和目标检验,都难以超越文化形态行为自觉生成的优势。这可以理解为文化形态行为由一种恒定的认知状态变化为再学习能力,这个过程所涉及的信息、知识、身体、思维和脑回路都需要内隐机制的一种再投入。显然在再投入语境下,运动技能学习会淡化文化的作用,文化共振机制也会厌倦这种投入所需求的工作量,两者之间的协同就出现了不可逾越的沟壑。

第五,文化与思维共振的差异化表现。文化共振与思维共振在理论层面具有同一性,但是文化共振和思维共振的本质区别也决定了差异化的最终目标审定。美国神经学家坎迪斯·珀特在研究中发现：运动对思维能力具有改造作用，通过固有的思维，可形成了正确的情绪观和运动观。可见，运动与思维的辩证关系是成立的，但是文化共振在运动与思维博弈的同时，并不能产生一定的倾向性认知。由于文化与思维共振的共同作用机理，运动技能学习的终极目标是获得心理上的认同和愉悦，运动中的欣慰感和思维活跃。文化共振仅仅是依附于运动中的"精神内啡肽快感"，不能对运动过程进行再造和目标设定。所以，文化修正的作用也仅仅适应于运动学习的目标再造，而不可能适应于运动学习的过程。

4.1.2　学习和运动的差异化属性定位矫正

学习和运动的宗旨都是围绕更好的学习实现框架构建，学习和运动的差异化属性表现为：学习为运动服务，运动同时也为学习能力的提升服务。双向条件下，运动技能内隐学习和学习机制的能力、习惯、兴趣以及方法决定了运动技能内隐学习机制的属性。本身而言，运动技能内隐学习改造身体要素、心理要素、脑神经要素和肢体要素的作用非常显著。如果非要区别其属性，最直接的表现莫过于运动技能内隐学习机制更能优化学习过程，以直接的方法和目标带动学习过程的帕累托实现。心理学科、神经学科、运动学科以及文化学科对运动技能内隐学习的内涵结构给出的结论都不相同，对其定位也不相同，当然，对运动技能内隐学习机制的各种差异化认知也不同。所以，不同程度剖解运动技能内隐学习机制的差异化属性定位，不仅关系到运动技能内隐学习机制的内涵发展，也关系到运动技能的内涵学习质量。为了区别运动技能内隐学习机制的差异化属性定位，就需要对学习与运动的过程差异化进行跟踪。

第一，内隐学习的学科差别化属性。内隐学习有显著的跨学科特点。内隐学习机制归类为心理学或者神经学都是不科学的，尤其是语法排序过程中，有机地加入了计算机和人工智能的内容。对内隐学习的学科属性定位，不仅要分析其学科关联性，更要立足运动技能学习的基本框架，对运动技能内隐学习实现学科区别化的探究。一方面，内隐学习机制建立在价值基础上，对相关学科的驱动和支配能力显而易见，对相关学习的过程也能进行认知、思维、跟踪和系统管理，较为科学地构建创新模式，适应多学科的关联目标制定。另一方面，内隐学习在跨学科的学习过程中，表现出一种优序的张力，特别是基于多学科语境下的学习目标设定和学习过程投入。内隐学习机制既保证了学习效果的检验作用,又实现了学科之间的相互协同和垂直管理。此外内隐学习机制具有检验学习个体的能力、思维、心理、肢体、脑神经和兴趣以及偏好的功能,从而决定了内隐学习机制在完善个体能力的基础上,具有正向扩张的作用,以达到改善学习过程和优化学习目标的作用。因此,在运动技能学习中,内隐学习机制仅仅是众多学习方式的一种,不能以点带面促进学习能力的再造和再投入,也不能改变学习边际效应,更不能产生一定的价值让渡,这一点至关重要。对于内隐学习机制的学科建设所产生的约束能力是当前学习机制所需要的。

第二,内隐学习与运动技能学习目标范畴的冲突。内隐学习机制的目标关联多学科,其宗旨具有同一性和规范性。不过运动技能学习的目标具备唯一性,运动学习的目标就是要促使动作达到自动化。任何环境影响下的运动技能学习都排除了隐喻性的干预,特别是内隐学机制的多角度思考过程,对运动技能学习的过程具有一定的干预能力。但是运动技能学习和内隐学习机制的优化过程则需要解决这种冲突。一般来说,内隐学习以改善学习能力、认知能力、思维能力和学习习惯为导向。而运动技能学习尽管牵涉其中的内容,其目标的归一性促进了学习机制和学习过程的耦合。加利福尼亚州立大学神经学家梅莉亚·拉索·诺伊斯塔特对运动与神经、神经与学习机制进行的研究表明:有规律的运动能刺激大脑的某些区域产生新的受体,从而提高了学习的基础水平。可见,运动是信息传输的基础,学习是运动改造思维的渠道,思维与文化共振则推动了运动学习的规范性和目标垂直性。长期的运动学习虽然具有文化影响的作用,但是不同的学习目标产生的结果不同,促进学习习惯和学习目标的统一则是需要文化的支撑。这种文化以系统的学习认知和文化传导为目标,相互间的作用则可能提升内隐学习的效率,也会从根本上改善运动技能学习的效率,确保其产出机制建立在科学的基础上。

第三,文化驱动下内隐学习对运动技能改造与投入。文化驱动并没有想象中那样粗暴。运动技能内隐学机制中,文化驱动以形态行为的改变为抓手,改进学习的过程。学习过程的目标属性以文化黏性和行为认知构成了系统考量标准,文化黏性确定了运动技能内隐学习机制的改造空间。一方面,文化的多要素和文化的机械性凸显了文化形态下的认知所产生的思维爆发力。将爆发力特征的思维方式融合到形态语境下的文化驱动力中,可以直观地体现运动技能内隐学习机制的优势。另一方面,运动技能内隐性投入。在脑干内，奖赏系统和再投入系统都是对运动技能学习文化影响力过度的制约，鉴于其抑制作用并不显著的情况，运动控制的责任落到了细微控制和身体控制。尽管身体爆发力和思维爆发力在不同界面对运动技能内隐学习机制具有一定排斥，不过这并不代表运动技能内隐学习机制的文化语境对运动技能学习没有改造作用。奖赏系统和再投入系统综合观察文化形态行为的决策触点，将有效的奖赏信息和投入信息传输到运动技能学习的中枢神经也就是运动脑时，运动技能学习中内隐机制与文化形态行为的共振作用就产生了。显然，这种作用的最大理论依据就是文化驱动。文化驱动以对身体、脑机制、思维和意识的驱动共振为特征，实现了均衡管理。

第四，体育文化的学习环境过度。多元化的体育文化对运动技能学习环境的塑造和运动技能学习机制的建设起到的推动作用是毋庸置疑的。不过，过度的体育文化影响对运动技能学习可能造成一定的负担。一方面，在竞技体育文化、全民健身体育文化、校园体育文化、社区体育文化、全域体育文化、休闲体育文化以及后奥运时代文化等文化元素的影响下，运动技能学习环境受到的多角度文化影响不利于运动技能学习机制的创新构建。另一方面，体育文化共振下的运动技能内隐学习机制创新难度增加。考虑到运动技能学习机制的特殊性，尤其是内隐学习机制在运动学习中跨学科、跨专业、跨空间以及跨领域，对学习效果的认定和学习机制的效益认定都存在一定的文化盲区，所以，过度的文化环境对学习能力的提升是羁绊，也是负向激励的根本体现。

第五，学习和运动内化条件下的绩效叠加。学习和运动内化，在学习机制内生作用影响下，需要对学习要素进行绩效评价。绩效评价的方式以成果叠加和效果辅助决策为导向，叠加形式的运动和学习方式突出了内隐学习机制的优势，但是也制约了内隐学习机制的发展空间。更加专业化和职业化的学习机制创设，对一般的运动技能练习者的门槛设定了限制条件，不利于终身体育和快乐体育的学习环境创设。

4.1.3 多脑结构的心理活动轨迹诉求

多脑结构的显著特点就是身心脑、身体脑、运动脑、体育脑、文化脑、思维脑和艺术脑等脑机制介入学习过程中，每个脑结构的心理诉求和文化发散方式也呈现出不同态势。如果要观察多脑结构下运动学习的文化诉求和文化矫正，其实是非常困难的。显然，只有打破这样的枷锁，才能创新学习机制的文化影响作用,也才能更为科学、合理地布局内隐学习机制在运动技能学习中的文化框架。多脑结构参与到运动技能学习中,对心理活动的轨迹依旧不可能产生协同作用。各个脑机制受到左右半脑的统一指挥,以神经中枢为指挥部,不断发出各种需求信号,为了满足各个结构脑的需求,文化的修正作用好像一个传令兵,当然文化有点类似于"打工皇帝",不需要亲力亲为,更不需要在行为层面对运动技能学习进行直接指挥。所以,多脑结构的心理活动轨迹诉求就显得格外重要。

第一,身心脑的心理诉求的文化影响不具有支配力。身心脑与身体脑的区别在于:身心脑较为合理地将心理活动嵌入脑机制。脑机制运行过程中,运动技能内隐学习机制的心理诉求和文化影响,在身心脑的活跃程度大大超过了文化驱动下的心理活动轨迹。在执行运动技能学习机制驱动下的学习诉求时,身体脑和心理活跃因素形成了较为合理的决策依据。当然,运动技能内隐学习机制本身的决策系统与身心脑的诉求和需求是吻合的。正因为有了文化影响的作用,身心脑的执行过程对运动技能学习机制产生了一定惯性。由于对文化影响作用的依赖,身心脑在学习过程中,对运动技能最基本的诉求就变成了运动技能学习的盲区。观察这种表现不难发现:运动技能学习中,身心脑的心理诉求和文化影响之间不具有调节作用,特别是身心脑本身会产生一定的拓展空间,经过脑机制与思维共振对文化影响力的适当调整,文化影响力的自觉形成是对动作操作的辅助,而不是对其过程进行控制和改造。文化影响力对身心脑本身不具有直接影响作用,如果没有文化脑和运动脑的介入,身心脑在动作操作的控制层面可发挥自主作用。诚然,这种条件下的文化影响力对运动技能学习本身就不具有协调的作用,也正是这种作用缺位,支配力也就无从谈起。

第二,文化形态下身体脑学习能力缺失。文化形态和身体脑的学习语境休戚相关,文化形态富有隐喻性、自觉性、自动化程度和规范性。身体脑的学习能力从肢体受力的状态观察,会较容易发现身体脑的学习能力虽然和文化影响是有关联的,但是如果不通过思维共振形成一定的隐喻性,身体脑就是单打独斗,身体脑的学习能力不会受到外力影响。身体脑虽然不能进行有效决策,但是身体脑执行指令的效率明显高于其他结构脑。文化形态是外在条件,也是内隐学习机制外力影响下的运动技能扩张。尤其在身体脑进入工作状态中,文化影响力、思维共振、脑机制神经元、海马体、杏仁核都无法对身体脑的错误决定进行校正。其实这种状态更接近一台行驶中的汽车，它不会受到导航、制动系统、空气阻力系统的影响，它所产生的惯性就是最生态的方式。这样一来，就可以看出，运动技能学习中的身体脑在不受到任何干预的情况下，自觉行为就是生态化的行为，更是运动形态的自然体现。但是文化形态决定了运动技能学习目标，鉴于目标机理下的内隐学习机制对身体脑从认知到信息改造，再到信息传输，任何一个环节都脱离了生态化的调节，显然，文化的隐喻性和运动中介的载体作用就需要依赖文化影响力。因此，文化影响力在身体脑的学习能力构建中具有重要地位，但是并不是唯一。

第三，体育脑的单项目标难以融合多元文化。体育脑是脑结构中最为简单机械的脑组织。脑机制神经元对运动技能的控制不依赖体育脑，不过运动技能学习中的动作操作则完全依赖体育脑。权且不把体育脑作为运动技能学习的关键要素，再将体育脑可能指挥和驱动的单项目标比喻成体育脑的个体诉求。这样一来，体育脑就需要将这个动作完成的诉求合理化。所以它必须要寻找一个适当的载体来肯定动作操作的合法性。多元文化中，总有一个文化共振机制适应体育脑的诉求。尽管体育脑的诉求不具有合法性，但是其目标的完整性和目标的直接性决定了体育脑的单向目标可以形成一定的信息传导机制。总而言之，体育脑的单项目标是肢体诉求和运动技能学习单边化的结果，可以被视为寡头。而多元文化机制和影响力具有多头的特征，在学习目标的能力演变中，文化机制和身体脑的不兼得，促使脑机制的学习能力缺少了信息、思维和文化的引领，从而在学习机制层面产生了断层。

第四，文化脑存在较强的不可及性。文化脑在运动技能学的脑机制中，是比较隐蔽的，其影响作用尽管通过文化影响力产生了效果，不过这种效果与其他学习资源的匹配程度需要达到一定的标准。文化脑在运动技能学习中属于宏观资源，对运动技能学习的过程无法管控，对运用技能学习的目标不能实现支配，对运动技能学习的方式也无法选择。所以，可以肯定文化脑在学习机制构建中，存在严重的不可及性。一方面，文化脑虽然是动态的，但是与运动脑和思维脑不同，它不能跟踪运动过程，对运动结果只有评价的作用，不能直接介入或者参与。另一方面，文化脑是动作操作前的影响语境，至于身体脑、身心脑和运动脑等其他多脑结构是否会采纳其建议，文化脑没有手段或者策略来增强自身建议与运动技能完成的黏性。

第五，文化语境下的心理诉求对运动技能学习存在排斥。文化语境下的心理诉求对运动技能的控制的宏观作用,既不能有效地完成角色转化,也不能根据运动技能学习的需求,从内隐机制方面创新文化影响和技能学习的多元融合。相反,文化语境下的心理诉求和运动技能学习存在排斥。一方面,文化影响下的心理诉求如果能够得到合理的安排,运动技能学习就可以算得上是需要什么有什么,根本不需要锻炼就可以获得自动化的效果,学习的方式就变得相对简单,学习的内容也有一定的随意性。另一方面,运动技能学习内隐机制主要是解决心理、思维、肢体、脑神经和心理诉求相互之间的需求协调问题,而文化语境下的心理诉求有明显的目标性,而且目标的获得对过程并不关注。所以文化语境下的心理诉求和学习机制的多样性冲突产生的排斥,并不是内隐学习机制可以消解的。

多脑结构的心理诉求,要根据脑机制神经元的生态化布局,促使多脑结构在运动技能内隐学习机制中发挥作用。而无论是文化形态,还是文化影响力,甚至是文化共振,最简单的路径还是要通过思维共振,转向脑机制的运动参与,直到最后的动作完成才能实现文化影响力的目标诉求。因此,文化影响力的作用应当前移或者推后,而不是在过程中起到旁敲侧击的作用。

4.2 态度修正

4.2.1 对“四肢发达,头脑简单”的重新认识

除了专业的研究人员,一般人都会认为“头脑简单,头脑简单”的说法是正确的。如果头脑与四肢都处于同一水平线,运动技能学习就不会那么复杂,甚至会有很多乐趣。头脑和四肢的协调应该是评价个体的标准。改变四肢和头脑的概念,首先应该从运动技能学习态度层面对其考量。然后通过把运动技能学习中的脑机制神经元表现和肢体作为客体的感知行为来比较头脑和四肢的关系,而不是简单地进行评价。

美国一些州的公立学校除了设置专业的体育课程之外,还在传统学科教学场所安装了健身器材。当然,这不是美国人要让孩子们在学习的同时享受或者玩耍,而是从身体健康和运动生态化的视角,做出的一项长期运动规划。班尼迪克大学运动生物学家克雷格·布勒德教授是美国运动医学会的区域主席,他用实验证明了人口分布特征条件下的四肢和头脑的关系,提

出了“四肢很发达，头脑却不简单”的科学见地。

第一，四肢简单，头脑复杂。从态度层面来考察，对于四肢和头脑的认识，我们有意识倾向地选择了体力劳动者作为参照，更多是来自底层的农民。一部分没有经过更多知识素养培养的农业从事者，缺少了知识结构的支撑，其头脑简单是必然的；经过经年累月的劳作，其实四肢的敏锐程度自然不需经过锻炼。那么，在运动技能学习中，以高等院校的学生为主要对象，四肢发达是先天条件或者是后天锻炼获得的，这种兼得性具有一定的延伸能力和改造特质。而相对于四肢发达的头脑复杂性则是建立在综合素质的效应控制结果。美国的一项研究证明：减少体育课，增加数学、自然和阅读课的时间，并不像许多学校预料的一样，能够提高考试成绩。运动让学生在面对复杂事物时，具有逻辑思维。基于逻辑思维的影响，头脑复杂和四肢发达成了美国综合学科教学的基本要求。其实更形象的理解，四肢和头脑并没有对立关系，运动让四肢变得更加敏锐，运动同样也能以逻辑性思维拓宽个体的头脑风暴爆发渠道。假设单纯地理解运动和四肢与头脑之间的关系，运动就是推手，头脑复杂和四肢发达就是运动过程的最优结果。

第二，四肢发达，头脑也发达。显然，在前文的论述中，我们已经认识到四肢发达和头脑复杂的关系，也较为明确地确定了运动的作用。但是运动技能学习的态度则表明了运动对思维创造、动作习惯、动作操作、运动理念和文化影响的辩证逻辑。四肢发达和头脑发达之间并不冲突，也不可能形成拘泥的怪圈。一方面，运动语境下，体育活动对记忆力、专注力和思维能力的改善有积极的作用。2004 年美国的一项研究对 850 名学生进行了一次有关体育活动如何影响学龄儿童的大规模调查。调查结果证明，运动语境下的专注力和记忆力提升以规模化的方式影响了学龄儿童的脑机制。另一方面，头脑发达的态度认同。头脑发达并不仅仅是有高速运行的脑机制，而是要形成具有创造性的思维理念，将学习方式和学习方法内化到学习过程中，形成独特的问题视角，对解决问题有独特的手段和策略。具体到运动技能学习中，运动改善头脑和四肢如果是态度的认同，有一定的嫌隙。假如从理论层面对运动技能内隐学习机制实现价值进行肯定，并不能完全凸显运动技能学习机制的态度变化过程，而是要实现学习能力的培养和学习过程的科学管理。

第三，肢体与脑机制的态度机理辨析。精神学家查尔斯·希尔曼在态度修正层面肯定了运动对身体好，对大脑更好。连接肢体与脑机制的中心条线就是运动,运动技能内隐学习机制仅仅是从感知行为的认知和思维层面,开启了人类运动学习的全新方式。对于肢体与脑机制的协同,肢体和脑机制的深度融合以及肢体和脑机制的共同学习,人类似乎没有探索到更有效的方法。但是我们要深刻地认识到:态度是肢体进化和脑机制创造的关键。钢琴教学的枯燥是难以想象的,但我们在欣赏世界名曲时会感到愉悦,与其说是欣赏大师的经典之作,倒不如说敬仰大师的态度和思维。对于一个成功的钢琴表演艺术家,他学习的态度本身就超越了乐曲带给欣赏者的震撼。可见,脑机制和肢体的融合,首先是态度的融合,接着才是技术的融合。

第四,身体平衡与脑细胞新生的修正理念。身体平衡是浅显的运动概念,也是运动技能内隐学习机制最为基本的要求。体操比赛需要身体平衡,乒乓球比赛需要身体平衡,钢琴学习需要身体平衡和肌肉记忆,甚至农业劳动也需要身体平衡。可能我们无法想象,做一碗日常的兰州拉面也需要身体平衡。我们在前面已经提到了脑细胞新生的概念,也对脑细胞新生的过程进行了简单的阐述。在这里我们必须要提到意念这样一个概念。意念的产生不仅是对身体平衡、思维均衡和脑细胞再生的描述,它更接近态度修正的本来面目。脑细胞新生以大脑创造力为载体,将创造性思维和意念融合为一体,通过脑机制的信息传输和信息加工,实现了对个体的态度管理。运动技能内隐学习机制主张认知到感知行为的转化,也强调认知系统对身体平衡的指挥,更注重认知系统和多脑结构的协调。不过,这其中态度的关键作用则是对技能学习的肯定与认同,甚至在行为层面是长期的临摹。

第五,脑身心对运动技能学习的支持态度。脑身心系统地涵盖了运动技能学习的主要节点。在人工智能中,脑机制对中心化的关注超过了对神经元的关注。但是对神经元的排序不是根据其属性开展的,而是以人为次生的态度决定。运动技能内隐学机制中,脑身心对运动技能学习的认同是不容怀疑的。不过,对于脑身心的作用产生与效应发散,关键的节点还是态度。就好比在人工智能中,所有节点都可能产生摩擦,只不过摩尔代码的浓度高低不同。所以,运动技能内隐学习机制中,脑身心与运动过程的连接和协同也是个体的态度决定的。不可否认,脑身心在运动技能学习中的态度都是正向激励的,尤其是运动技能学习的思维、创造、文化、惯性和身体爆发力都在不同的单元范畴内,要想实现其联动效果,动机是非常关键的。因而,将运动技能学习的动机更替为态度则显得非常重要。

头脑与四肢在运动中的关系相互交叉，相互制衡，相互补充。运动内隐学习机制并不是完美的方式，但是却能连接脑身心形成一体化的工作机制。而态度就像是发动机运转中的润滑油。四肢和运动、思维和运动、头脑和运动、文化和运动、情绪运动，所有运动元素下的态度都可以统称为动机。这种动机更好的表征方式就是要实现科学的运动。运动技能内隐学习机制也正是这样的原理。

4.2.2 快乐运动对心理意识活动的驱动

“冬练三九，夏练三伏”，“经年累月，年复一年”，“枯燥乏味，了然无趣”，运动被这些词汇所充斥，谁还能说运动是快乐的。2000 年左右，著名足球教练米卢将快乐足球理念带到中国时，国人对运动有了不同的理解，真的快乐吗？运动，尤其是体育运动，快乐是非常短暂的，获得成功的一瞬间相信大家都是快乐的，但是在获取的过程中，没有谁愿意将它形容成快乐。其实，快乐运动是心理意识活动驱动的结果，是一种心理感知，更是一种态度。从运动心理学的态度方面考察，快乐运动的态度修正体现在几个方面。

第一，快乐运动的内涵与心理感知。快乐运动内涵集运动过程、运动目标和运动获得为一体。此间，运动练习者的心理感知具有明显的多元共振。一方面，运动会让大家变得更加开心，这个是有依据的。因为当大家运动时，所有的注意力都集中在运动上，大脑得到片刻的放松，所以在运动之后大家都会感觉得到了放松，很舒服。与此同时，大脑得到了氧气的供应会更加的舒服，从而缓解紧张的神经系统。当神经系统得到缓解的时候，身体会产生一种让人感到快乐的东西。更重要的是，运动让大家短暂忘却了各种不快乐的事情，因为在运动完之后，脑子里都被疲劳充斥着，忘记了那些不愉快的事情。有的人运动是为了减肥，有的人觉得自己可以坚持下来，运动是一件非常有益的事情，体现了自我价值和人生价值，在这个时候，人会感觉到空前的自我满足。所以很多减肥的人在运动完之后，并且是大汗淋漓了之后会感到非常开心，终于完成了自己想干的事情。运动后，一些负面情绪可以明显得到改善，心理学家把这种短暂的情况称为短暂性快乐。能长期进行运动的人不仅看起来年轻，而且这些人看起来更加有活力，更加的精神饱满。在运动量达到一定程度时，大脑会分泌一种内啡肽的物质，还可以帮助大家合成体内的血清和多巴胺，那是一种可以让大家感到快乐的化学物质，所以当运动完之后，体内会分泌很多的多巴安和血清，也就让人感到非常快乐。

第二,运动愉悦感与脑兴奋的正相关。对于快乐运动的肯定与认同,必须要建立在运动带给练习者的身心感受和刺激脑机制的感官。这种感官在某种程度上会以内在连接的方式,向脑机制神经元发出信号。脑机制神经元在接受这种感官时的兴奋点与运动获得感成正相关,可以刺激脑机制神经元在特定的运动环境下产生一种特殊的生理层面的快感。由于脑机制神经元在巩固锻炼中,长期获得身心愉悦,因此,运动技能练习者的脑机制活跃程度和心理活跃程度对运动技能学习的态度具有明显的开放性。在开放性脑机制驱动下,运动技能学习者的心理感受、身体感知、思维认同和文化影响均可以形成正向激励的态度,对运动技能学习存在深度影响和关联激励。

第三,快乐运动真实的心理感知。快乐运动与运动内隐学习机制构建的快乐学习图谱,以满足内隐学习机制目标为原则。其中,快乐元素对疾病图谱的影响比较大。尤其是在抑郁症治疗和其他精神类疾病治疗方面,有氧运动对疾病的预防和治疗会产生积极的作用。同时,快乐运动本身就是一种较为科学的学习态度。在运动技能学习中,内隐学习连接脑身心,对身体的各个机制形成驱动和支配,对许多派生的情绪、生理需求、心理感知和行为认知都能产生真实的诉求反馈。基于快乐运动和快乐学习背景下的内隐学习机制,尽管不能完全达到快乐的目标,但是相对而言,快乐语境下的情绪影响力在逐渐被运动和脑机制认同的条件下,产生的心理感知对运动、学习和生活的态度都能起到积极的作用。

第四,快乐运动的心理活跃程度剖解。快乐运动以多巴胺和去甲肾上腺在额叶中的双重作用反映了运动学习机制两种互补和唤醒调节类型:一种是基于人感知中的刺激的重要性,并通过先前判断的突显性类调节已经确立的认知习惯和记忆习惯;另一种基于刺激的新颖性,以快乐元素的引导作用,改善人的认知习惯和愉悦感。虽然这种观点看起来和快乐运动的心理活跃过程关联性不大,但是在内隐学习机制中,内维度定式与外维度定式的不同转换,可以将这一任务所涉及的心理灵活性和愉悦感反映出来。显然,快乐运动是受体层面的痛觉或者身体惯性产生的偏差,抑或是成功带给人神经兴奋的契合。心理活跃过程中的快感以对等交换的方式,实现了类似的刺激交换。额叶、颞叶以及多脑结构在整个工作流程中,体现了运动参与的主体性,也更加充分体现了运动获得感与运动过程的情绪抑制和思维发散。很明显,内隐学习机制下的快乐运动能够刺激心理灵活性,更能够刺激运动学习在技术范式中的超级记忆与思维产生共振。其实,不仅运动技能学习需要心理态度的参与,抵抗疾病中的心理态度同样也很重要。

第五,心理兼得性的快乐运动和学习。运动技能内隐学习中,运动技能学习的兼得性表现尤其显著,特别是在运动技能学习的态度受到心理感知和心理认同机制影响时,而且运动技能内隐学习机制的表现方式始终围绕运动技能的获得结果开展服务。所谓的表现方式主要分为几个类别:一是运动技能学习对脑身心的学习态度的纠正。由于运动技能内隐学习在学习目标量化过程中,将快乐运动的目标以多元化的形态体现在对各个要素的关联目标中。学习态度决定了运动技能学习的质量,也决定了脑智力、心智力、身体平衡感和身体爆发力等的优序。二是运动技能内隐学习对快乐运动的集体认同。运动技能内隐学习机制集脑机制、肢体、思维、文化和身体控制感为一体,形成了学习模式中最具有帕累托的组合效果。而快乐运动的诉求过程就是快乐学习、快乐锻炼的过程,运动兼得性也要具有快乐的因素。所以,快乐运动理念下的心理兼得性,主要体现在身体控制力和心理愉悦程度,而其他的兼得性并不具有显著效果,也不具有表征方式。因此,快乐运动是集心理活跃程度和运动诉求为一体的过程性态度,这种态度优化则可以加强运动效率,提升内隐学习机制的效益。

运动技能内隐学习机制的心理态度区别和修正,从心理学的层面观察,具有一定的修正性,但是其实际的效能具有内隐特征。从表征方式、具体思维、心理活跃和运动目标等多个角度考察,态度的习得性和兼得性都是不可回避的,无论从哪个方面修正学习的态度,都有利于运动技能练习者的心理修正达到运动技能学习的基本标准。

4.2.3 学习中的"纸上得来终觉浅"

任何书本的学习都离不开实践的支撑,任何学习方式与书本又有着千丝万缕的关联。古语有言:"书中自有黄金屋。"这就阐明了任何有效的学习都需要从书本中汲取知识,而后通过知识的实践转化为应用。书本本身有一定的局限性,信息碎片化、知识结构的书面性、知识系统的成像性差、知识更替能力较弱都使书本知识对运动技能学习实践的指导具有局限性。而高校或者是体育领域内,始终将书本当成是运动技能学习的纲要和标准。无论是学习中使用的大纲,还是日常的运动练习中的标准都以纸质的方式出现。由于我们从小到大都对书本怀有一种敬仰,书本的驱动方式改变着我们的理念,甚至在某种程度上,书本限制了运动技能内隐学习的创造力。于是,我们试图通过改变对书本的态度来增强运动技能内隐学习的态度黏性,以更生态和自然的方式去剖解书本和运动技能的联系,并形成最适当的学习方式。

第一,运动与书本的距离。运动学习中,书本的作用较小,特别是技能型的学习中,运动学习机制和书本大纲形成的脚本安排已经不适应当前的全民体育运动技能学习。人类学习中最自然的方式是从书本上获得知识,而实践中,获得知识的概率虽然增加,但是态度层面对知识的影响和传感,还是要依赖书本,这就决定了运动技能学习理论的重要性。不过,理论重要性的生态表现是要对理论的发散形成一种科学的态度。比如在运动技能学习中,如何疏通脑机制神经元与身体的协调通路,如何促进多脑结构参与运动技能学习,如何将运动技能学习的目标分为层级化的系统,这一系列的问题关系到运动练习者的学习动机和态度。书本仅仅是从理论上实现了系统知识的灌输,但是其碎片化的特征并不能对实践的过程进行准确表征,这也就造成了书本和运动技能学习之间存在距离。

第二,运动技能学习的窗口指导。运动技能学习的窗口指导是以书本理论知识为导向,建立完善的学习纲要,通过学习学习纲要的目标实现,纠正运动技能练习者的学习动机和学习态度。窗口指导在运动技能学习实践中,以拓宽学习导向为中心,进行多元机制下的学习目标重塑。相同价值标尺下,运动技能内隐学习机制则是从理论层面转向了实践层面,以运动技能学习的习得性和兼得性为主体目标,将运动学习的过程进一步以隐喻性的场景设置转变为碎片化信息的组合。考虑到运动技能学习态度的纠偏性质,一方面应当考虑理论对运动技能内隐学习的态度转化作用。虽然整个过程体现了运动学习中快乐运动的内涵和学习兴趣的激发,但是理论范式的窗口指导更加明确了理论的重要性。跨学科、跨专业、跨时空和跨领域的学习,将动作操作的动机与学习空间更合理地嵌入练习者的态度。另一方面运动技能内隐学习机制的态度价值也是构成学习能力和学习兴趣的关键。假设运动技能学习从理论范式和技术范式融合到学习机制中,基于书本理论和技术操作缺乏一定的场景设置,运动技能学习的窗口指导则决定了学习兴趣和学习能力的培养态度,能更宽泛对应学习过程的态度量化。

第三,运动技能学习过程的理论泛化。运动技能学习理论分为五种,分别是：联结主义理论、闭环控制理论、图式理论、动力系统理论和运动技能协调与控制理论。观察五种理论的影响发现，在运动技能内隐学习机制中，最后一项被应用得较多。特别是基于多元化的学习环境下，运动技能内隐学习的态度纠偏更贴合于运动技能协调与控制理论。我们不得不再次重申：心理感知态度在运动技能学习中无法表征，但是它所产生的协调作用和控制作用有利于运动技能学习。内隐学习机制注重运动技能与学习要素的全面匹配，尤其是运动技能学习方式受到心理驱动时，运动目标架构、运动过程评价、运动质量保证和动作的自动化标准与练习者的认知是分不开的。考虑到内隐学习机制的有效性和目标性，态度转化为控制力可以作为运动技能学习的一个切入点。由于运动技能内隐学习包含了运动技能的调节控制和心理干预等，那么这样一种状态下，运动技能学习的其他理论是否就没有用了呢？其实不然，联结主义理论、闭环控制理论、图式理论、动力系统理论尽管与运动技能调节和控制没有正向关联的作用，不过它们具备同一属性驱动的载体：态度。理论在实践层面的不断更迭，加快了运动技能学习机制的态度修正进程。由于态度具有双向性，运动技能学习中，态度修正由理论转向实践，并不以运动技能学习过程为转移。内隐学习方式的结构性调节作用，将态度与心理活动、文化影响、思维共振以及运动技能学习的逻辑驱动联系起来，可以更好地对运动技能学习的态度进行适当推理，并形成较为合理的运动技能学习方式。

第四，运动技能学习支撑要素解读。从心理感知态度和心理认同角度分析运动技能学习的支撑要素，我们可以发现：硬性条件下的支撑要素具有普遍性，对于所有运动技能练习者，身体条件、思维理解程度、心理活跃过程、多脑结构参与都不同程度为运动技能学习创造了条件。但是更为关键的是，运动技能学习中，运动内隐性需求和条件是无法从资源配置方面去解决的。比如运动技能练习者在学习过程中，对场景设置的要求，不仅不能通过硬性条件满足，而且需要更多参考运动技能练习者心理感知能力和多脑结构的思维发散。再比如，运动技能学习中，运动练习者如何克服恐惧与焦虑，如何构建适当的运动动机和态度，这就需要运动练习者本身具有较强的心理素质，更需要运动技能练习者在不断学习的过程中，将态度的修正性理解为动机与目标的驱动体，从多元角度审视运动技能学习的过程，并做出改进。

第五，运动技能学习实践和理论的态度构建。态度构建的节点在于考虑运动技能学习理论与实践的结合,更要充分考虑运动技能内隐学习机制的习得性和兼得性。运动技能学习实践中,运动学习动机和运动学习的心理感知形成有效的态度影响,对运动过程的观察和控制实现了目标的同而不和,并追求多样性的过程。但是对学习目标的诉求,还是建立在运动技能的自动化水平上(见图 4-1)。

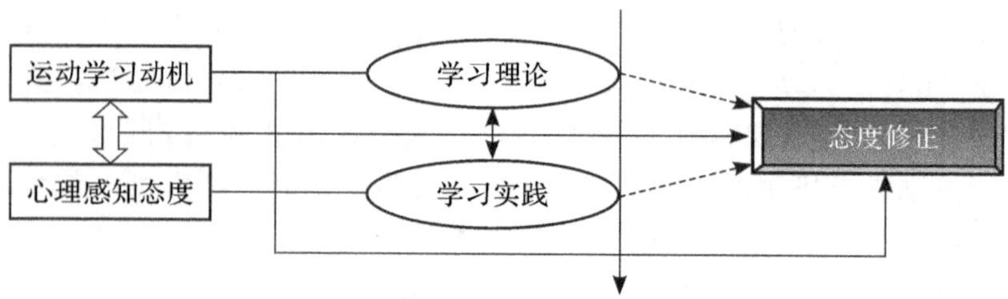

图 4-1 运动技能学习态度修正模型

运动技能内隐学习机制下的态度修正,涵盖传统的心理影响、行为影响、过程影响和目标影响。基于对各个运动过程环节的认知态度和运行态度,决定了态度修正具有重要意义。一方面应当完善态度修正的出发点,把生态化和科学性作为评价运动技能学习态度的主要节点,并针对态度实施影响的过程设定相关的指标,完善评价机制。另一方面应当以技术控制的技术态度和心理活动的心理态度,包括以学习动机为中心,建立相应的态度与价值的外溢模型,从而规范态度修正的可及性和适应性。

4.3 思维修正

4.3.1 运动技能的左右脑分工逻辑的推倒与重构

运动技能学习不仅是身体的学习,也是脑机制的学习,身体运动和大脑运动的同理性存在合理的辩证关系。从思维层面观察,运动技能学习与脑机制神经元的思维能力密不可分,尤其是在脑机制神经元共同运行条件下,左右半脑的分工必须要突破传统的理论视角。传统的理论认为:左半脑负责执行和矫正动作,具有较强的身体受力和控制感思维。右半脑面对复杂的事物能够做出预测、判断和决策,并通过多个脑神经元的参与影响运动技能学习。就当前脑科学研究的成果来看，左右半脑分工产生了一定的变化，左半脑负责执行的角色没有变化，但是最终发出动作指令的不是右半脑，还是左半脑，只不过，左右半脑的分工机制与传统的脑机制分工呈现出了不同。传统的分工是左脑进、右脑出。全脑科学研究表明：经过多项结构性合作，最终对事物做出决策的是多脑结构，左半脑作为受体，接受事物突显性，从而形成有效的信息通道。根据信息加工机制的原理，左右半脑合作，将信息进行整合和加工，右半脑和多脑结构经过思维、预测和判断，对突显性进行决策，再由右半脑做出决策，而后左半脑执行。可以观察到，在面对突显性时，左半半脑负责受体和接纳，而后传导到右半脑，最终还是由左半脑执行。从思维层面观察，可以总结出：运动技能学习也是延续了左右半脑的合作路径，从而实现了右脑进、左脑出。

首先，运动技能学习的站队。运动可以实现体魄健康的目标，运动还可以提升学习能力，培养学习兴趣，提升学习者的专注力。运动能够缓解焦虑，对疾病图谱的管理具有一定的效果。那么从思维层面考察运动技能学习的作用，会是一种什么样的状态呢？带着这个问题，我们对运动技能学习进行了划分，运动技能学习在思维构建层面，到底是怎样一个角色呢？运动技能学习，不管是外显学习还是内隐学习，都必将带动思维共振对学习过程进行系统管理。运动技能学习既是满足竞技体育需要、实现全民健身的工具，也是改善运动条件和学习条件的主要推手。运动技能学习可以形成固态的学习思维，将学习内容以思维共振的方式传感到脑机制，并在有效运行的神经元工作机制中获得最优效果。运动技能学习涵盖了脑机制神经元的深度合作与竞争，也实现了思维感染、情绪控制、文化影响以及身体控制等多个视角的整合。因而，运动技能内隐学习机制在思维层面更倾向于拓展思维的锻炼方式，有利于运动练习者在运动学习的过程中，具有较强获得感，同时也有利于运动技能练习者获得多个层面的学习优势。

其次，左脑出还是右脑出，以及左右半脑的作用和左右半脑的分工，历来是生物界、神经学科、医学界、运动学界和心理学界争论不止的一个话题。左右半脑的合作与分工观念是值得肯定的，特别是在思维影响层面，作为突显性受体的左半脑，无法对突显性进行信息编码，让工作记忆成为脑思维的一部分。而右半脑则可以邀请多脑结构参与学习，将信息编码进行分类，从而通过多脑结构的协作，形成合理决策。这种决策本身就合理地解释了左右半脑的分工。但是左右半脑的分工目标并不明确，尤其是前皮质额叶颞叶发生停滞或者反应缓慢时,左半脑也会做出决策。尽管这种决策大多是错误决策,或者是身体惯性的作用,但是并不代表着左半脑就丧失了决策的功能。科学的学习方式主张左右半脑科学分工,使决策机制的效果达到最佳水平。关于是左脑出,还是右脑出,这个概念界定我们在前面已经做了论述。基于脑科学的研究成果,具有强势思维逻辑的学习者,“四肢发达,头脑也发达”,这个观点就佐证了运动技能学习过程中,左右脑合理的分工机制能使学习者的思维扩张。

再次,运动脑是个叛逆的孩子。运动脑的概念界定具有一定的隐喻性。当然,随着运动技能内隐学习机制的不断完善,运动技能学习中,运动脑的作用不仅是将动作技能和操作的要领灌输给练习者,相应地,需要将运动执行主体左半脑的突显性转化为运动过程中的机能控制和思维控制。之所以说运动脑是个叛逆的孩子,是因为运动脑在技能学习中,并不直接做出决策,也不直接对运动的执行主体发出指令,而将自己的思维结果告知右半脑,将运动的信息传感为适应于右半脑做出决策的信息要素。运动脑的思维习惯不具有逻辑性,仅仅从运动目标和运动过程控制的基础上,对有用信息进行汲取和加工。相对而言,运动技能学习机制中的运动脑思维能力比较简单,只有融合了多脑结构中其他结构脑的决策建议,才能促使右半脑做出科学的决策。运动脑与其他结构脑的黏性不高,运动脑更接近于粗放型的信息加工方式,由于不具有思维能力,运动脑就幼稚得如同不懂事的孩子,它所表达的逻辑体现出单一性的运动过程和目标,或者单一性的运动思维。

最后,文化脑的思维偏好与身体惯性。文化脑与身体惯性、有氧运动、学习技能和锻炼目标都不具有垂直关系,但是文化脑作为运动文化和体育文化的有机载体,在脑机制神经元中发挥着重要的作用。右半脑中,文化脑对学习进行有效推动。由于运动在形成记忆时会产生具体的作用,不可能离开文化脑的刺激和影响,因此,文化脑叶成为学习的关键。海马体运转到一定程度不会自动停下来主动中断新神经回路,文化脑此时就会以思维偏好的方式,将左半脑的突显性刺激隐喻成一定场景或者是使文化影响力成为一种抑制力,将以文化脑运行的偏好对海马体所感受的信息进行排序。文化脑与身体惯性都与运动技能、动作操作、身体控制和思维发酵有联系,它们可以形成有效的价值链条,保证信息的正常往返。文化脑的思维偏好可以将海马体的可塑性提高,巩固每个信息链条中的思维要素,通过学习环节产生更浓密、更健康、联结顺畅的神经元,以满足文化脑的思维偏好,形成一定的屏障,从而对身体惯性进行较好的抑制。我们建立的文化脑的思维偏好屏障性越稳定,存贮的记忆就越丰富,学习起来就越容易,对身体惯性的控制作用也就越发显著,这就是文化脑影响下形成运动思维控制力的基础。

左右半脑合理分工建立在脑机制的运行生态化状态下。一般来说,运动技能内隐学习机制由模糊的概念转变为精确的动作,思维影响和思维控制力都功不可没。但是在思维共振影响下,左右半脑的思维能力的利用率到底有多高?这就需要观察个体的运动学习思维受到外部条件影响的程度。而最生态的方式就是最合理的方式,左右半脑分工的重新界定,对运动技能内隐学习机制既实现了运动学习的创新,也实现了思维能力和逻辑关系的重构创新。

4.3.2 学与做、做与学的逻辑关系修正

运动技能内隐学习机制全面界定了学习与操作的逻辑关系,依旧按照运动技能学习的逻辑,从思维修正层面阐述运动技能学习过程中学与做的偏差。一方面,学与做存在相互之间的角色定位,尽管学习和操作具有同而不和的目标,学习与操作在技能内隐学习集中方面具有双向目标,基本可以满足运动技能学习的二元机制。不过,从思维层面观察,运动技能学习和操作缺乏思维逻辑的定向支持。另一方面,学与做从学习思维层面,加深了运动技能的记忆。强化记忆效果的同时,将学习的过程变化为一种循环机制。这种机制相比较之前的工具和反复训练模式,更有利于个体运动技能学习效果提升。对于学和做之间的辩证关系与逻辑安排,虽然没有明显的争议,但是学与做、做与学哪一个更生态,更具有合理性,不仅需要观察相互之间的逻辑关系,还需要具体考察运动技能学习中学习的功能、操作的效率以及产生的效益等。思维修正层面的学与做、做与学由动机—过程—目标—评价组成的链式系统,转化为生态化的共振效果,其中思维拓展能力的作用最显著。

首先,学和做的角色界定。运动技能内隐学习中,学习和操作虽然属于平行关系,但是考虑到学习动机、学习目标的影响,两者可能产生一定程度的交叉。假设从学习动机层面考虑,学习思维的构建有利于学习内容的内化,并产生一定的正向激励思维,由思维拓展到思维转化,思维修正呈现出

了对运动绩效的考察和审定。加之,运动技能内隐学习机制中,学习思维的培养更接近学习生态化的状态。所以,思维层面对运动学习动机的刺激,可以将运动学习的目标运动统合起来形成稳定的目标机制。从操作思维层面考虑,动作操作是简单的控制感和身体爆发力的博弈。虽然这种博弈的过程相对简单,不过从学习目标层面,动作操作的思维共振可以促使运动技能学习机制更接近运动自动化的水平。所以,界定两者的角色不是改变表层的运动资源要素的配置以及运动学习的流程,而是要对运动技能学习的思维逻辑进行重构。从修正主义视角出发,运动技能学习思维的排序从态度到思维的转变,从个体的能力设计方面,更注重运动技能学习的内涵。内隐学习机制在某种程度上,更加注重学习过程,也更加关注运动技能学习的绩效,理论和实践层面都体现了运动技能内隐学习机制的优势。总而言之,两者的角色界定以生态化的标准为判断指标,以逻辑修正的效果为导向,必须要体现运动技能内隐学习过程中,思维共振的作用,无论如何修正,都要重视思维的服务目标。

其次,运动动机对模仿能力的消解。运动技能学习中,运动动机很关键,如果仅仅是出于强身健体的考虑,运动动机就相对简单。相反,根据运动动机在选择动作模仿时,需要注重动作模仿能力对运动思维的影响。其实,运动技能内隐学习机制不仅强调动作操作的学习,而且将运动动机和运动目标统一为运动技能内隐学习的内容,有效地实现运动技能学习动机对模仿能力的消解。一方面,从内隐学习机制的过程来看,运动技能学习动机虽然和运动结果有直接关系,但是运动目标驱动下的内隐性元素在学习过程中,以思维发散能力形成了有效的过程跟踪。另一方面,运动动机具有一定的外显特征,基于运动内隐学习机制的过程改善和结果优化,运动动机能够贴合练习者除了运动专业之外的学科需求,较为合理地对模仿能力的强势效果实现逆转。因为每个人的模仿能力、学习能力和学习过程存在差异,因此,运动动机对模仿能力的需求黏性不强。同时,依据运动技能内隐学习机制的结构安排,扩张运动思维能力和文化影响力在运动动机中的作用,改变了传统的联系和学习模式,有机地将运动技能学习从简单的动作模仿演变为思维共振语境下的融合性学习。

再次,运动学习过程的逻辑依据。运动学习思维注重过程性的结构调整。运动技能内隐机制学习中,思维共振影响的逻辑依据分别是:脑机制的思维辨识能力和学习能力形成一体,能够对动作操作的技术处理;身体控制感;心理活动过程;以及运动结果实现综合辨识,从而推进脑机制神经元在信息传输中的模式优化。文化影响和环境隐约性虽然不通过思维共振机制产生一定作用,但是作为外部条件,文化影响具有可塑性,文化影响语境下的运动技能学习由文化影响的通道介入运动技能内隐学习中,保障了运动技能内隐学习的兼得性和习得性。两者产生的共振可以理解为运动技能学习的获得感思维。显然,文化影响力在其中的作用是显著的,特别是文化影响的出发点是文化脑和运动脑的融合形成的一定的专属性思维,针对运动技能内隐学习机制构建和运动技能内隐学习的目标评价,整个思维逻辑具有较强的涵盖性。

最后,学与做的心理排序和拓展。学与做、做与学在运动技能内隐学习机制中的排序,可以合理地将运动技能学习思维贯穿于学习模式中。学与做是巩固阶段,做与学是反复练习阶段,两者看起来意思接近。但是学与做代表着运动技能学习在前,反复操作在后。相比较传统的运动练习机制,学与做的目标具有针对性,但是并不能形成创新,也不可能超越教学大纲的标准,这反而意味着运动技能练习只能停留在恒定的水平。反观之,做与学则是在操作过程中不断学习,培养了运动练习者解决问题的能力。尽管做与学在某种程度上有悖于运动技能学习教学大纲的标准,但是做与学的成长空间还很宽泛。当一个运动练习者的职业水平达到一定程度时,他会自觉地以做与学的思维获取新的知识。学与做,做与学本身是两个范畴,运动技能内隐学习机制能以思维共振为调节工具,强化思维共振的作用,协助运动技能内隐学习机制中的其他资源,实现思维层面对运动技能学习的修正。

厘清学与做、做与学之间的逻辑关系,必须要认识到学习能力与操作实践的相互关系,它们之间的正向影响具有较强黏性,反过来就会削弱其中的一项。内隐学习机制强调以学习为主,但是这种学习机制建立在创造性的基础上,并不完全依赖持续的学习来获得创造力,而是通过创造力的具体表现来发现学习的机会。由于脑机制神经元和肢体之间的传递、决策和执行关系的影响,学与做、做与学并不空泛,相对而言具有一定实质内容。只有从思维层面实现相互制衡,才能提升学习效果的有效性。

4.3.3 运动技能学习认知习惯的颠覆与回归

继续围绕思维层面的学习认知和学习习惯进行探究,多元化的思维集聚较容易形成思维能力载体下的学习认知水平和认知习惯的回归。运动技能学习认知的习惯与思维偏好、文化语境、动作技巧和个体体质形成了呼应关系，基于辨识思维和动作操作拓展了思维层面的运动技能学习认知的范围。一是运动技能学习习惯认知与思维偏好可以形成相互检验和相互对照的关系。思维偏好更注重对认知信息的归类和传感，将相关的运动信息传达到海马体，保证动作任务的完成。虽然思维偏好有一定选择性，但是它不会拒不执行信息指令。二是运动技能学习认知习惯与文化语境在思维层面具有一致性。同时，由于文化语境对思维共振产生的作用较大，所以思维层面的文化语境依旧是运动技能学习的主要载体。和思维认知比较，运动技能学习还是更依赖文化语境。三是运动技能学习认知习惯与动作技巧的辩证关系。可以看出，运动技巧的目标实现需要通过认知的维护，也需要认知习惯和动作惯性的深度融合，这样才能促使动作技巧更具有目标性和创造性。第四，运动技能学习认知习惯与个体体质的回归。以习惯视角观察运动练习者的体质，更生态化的回归才是最理想的运动方式，也是最理想的学习方式。从思维修正的视角出发，运动技能学习要注意以下几个方面。

首先，运动技能学习的知识认知与认同。传统的学习习惯使运动技能形成脚本，以常规的学习方式，对运动技能学习内容进行制度化的安排。一方面，以学习能力和学习习惯的思维为主导，选择适合自身的学习内容和方法，有效地将学习目标构建在传统的知识认知范畴，有利于运动学习效果的过程管理和评价。另一方面，运动技能学习知识的认同，与知识获得、知识学习路径、知识结构以及知识的特殊性所产生的共振和学习思维的制度安排有一定出入。所以，在学习结构改善时，不仅要注重知识认同和学习习惯的对接，还应当注重知识汲取思维和学习思维的有效调节。运动技能学习牵涉的学科包括体育、音乐、绘画、技术等，内隐学习机制下的运动技能学习还要将运动心理学、生物学和神经学联系起来。这种组合方式尽管有不同的学习习惯和知识认同的路径，但是基于学习知识认知和认同时，运动技能学习方式改变的根本目标还是要改善学习的思维，从简单转向严谨，从严谨转向科学，最终实现其生态化的目标。

其次，运动技能学习结构性颠覆与拓宽。跨专业和跨行业的特点决定了运动技能学习的结构存在宽泛性。目前而言，运动技能学习仅仅得到了高校体育运动专业的重视，其他学科的专业需求不强，而且学习结构也普遍存在局限性和不合理性。就内隐学习机制而言，运动学习的思维与其他学科的学习思维存在某种差异。这种差异影响下，学习结构正处于合理颠覆时期。一方面，我们要深刻认识到运动学习与心理、肢体、脑结构和脑机制神经元之间的思维共振。传统学习思维只能从专业层面对学习结构进行指导，而相对复杂的运动技能学习结构则以兼容性和兼得性对运动技能学习进行过程跟踪和管理，所以要突出兼容性和兼得性的重要性，并注重差异化的学习方式对学习结构的改善。另一方面，学习思维的拓宽对学习方式改进的驱动作用显著。如果传统的运动技能学习思维以锻炼肢体的敏锐度为目标，内隐学习机制则是以全要素的学习结构，形成了脑身心的有效联结，凸显运动思维中的心理活动过程、脑神经的作用以及情绪对运动技巧的控制作用等。实现了目标拓宽和过程拓宽，改善了运动的过程，学习过程也实现了生态化的回归。

再次，运动技能学习的认知和学习回归。认知回归集学习过程和学习能力培养于一体，将学习中的心理认知、行为认知和感知行为系统地整合为学习的几大要素。而学习回归则是以学习目标受到生态化影响和心理感知影响条件下的学习条件进行创造。学习回归决定了思维能力修正要服从学习意识、学习能力和学习目标的支配，从而为学习能力的影响创造优化条件。学习认知与学习回归在某种程度上，迎合了运动内隐学习机制的条件要求，也从思维角度改善了学习思维的发散性。从认知到掌握，再从掌握到练习，再从练习到操作，运动技能内隐学习机制考察了运动知识的学习过程，并对这一过程做出了细化。一方面是基于心理感知的学习认知。从心理认知到身体认知，内隐学习将传统的学习路径转变为一种动态的学习路径，实现了脑机制对学习的全面管理。另一方面基于学习回归的路径演变，学习回归以心理、情绪、控制感和爆发力为相对参照体，根据相关要素在学习过程中与思维共振的具体表现，实现了学习结构的优序排列。

最后，运动技能身体认知和心理认知的比较。运动技能的学习思维构建了学习思维驱动身体认知和心理认知的基本框架，也从学习能力层面发掘了学习思维的正向影响作用，微观地针对学习能力条件下身体认知范畴实现了合理驱动的路径。一方面，身体认知改变了传统的肢体为基础的学习元，并在认知的过程中，将突显性传感到脑机制，以脑机制的信息传输路径对身体进行指导和优先控制。身体认知在某种程度上是工作记忆的体现，并通过动作创造和改善，完善认知结果对运动学习的全面影响。另一方面，身体认知只能简单地执行某些指令，对于如何调节运动中的错误和修正动作惯性，并不能起到应有的作用，这就需要脑机制神经元的配合。可以说,身体认知是机械的,甚至是呆板的,对创造性无益,对运动技能学习不能形成完全的支配。心理认知则不相同,心理认知能充分调动脑神经的作用,将突显性传输到前额叶皮质,然后通过颞叶进入脑神经中枢,进入右半脑的同时,右半脑会调动多脑结构对运动技能学习的需求做出判断和预测,并最终做出决策。比较而言,心理认知更高级一些,相对身体认知,心理认知的支撑条件是思维和情绪,而身体认知只有突显性和动作惯性。显然身体认知缺乏科学的实践作为支撑,不能给运动技能学习提供更多的思维辨识和创造性空间。所以,基于思维层面的修正,要根据顺从主义与脑机制神经元的合理驱动,根据心理认知的结果,辅助身体认知对运动技能学习做出最终裁量。

运动技能内隐学习机制丰富了运动技能学习思维共振的内容,思维修正目标建立在学习内容和学习条件的基础上,改善了运动技能学习的思维表现路径。根据学习要素的整体表现,学习思维目标重构,一方面要考虑心理认知条件下思维形成的学习习惯,另一方面要考虑身体认知思维与学习习惯和偏好,从而将运动技能学习思维方式拓宽为适应各种学科学习的主要载体。

4.4 方法修正

4.4.1 技能型修正与运动关联因素分析

运动技能学习方法的修正具有一贯性,针对运动技能学习中的各个环节,实现了方法的控制。方法控制在运动专业中,具有合理的表征方式,方法改进和方式创新在某种程度上可以替代传统教学大纲中的方法。传统教学大纲对关联要素的方法控制尽管有所提及,但是并不能形成一体化的方法创新。特别是内隐学习机制下,运动技能教学大纲对关联要素的驱动和支配非常有限,为了满足内隐学习机制构建的需要,本书从关联因素层面提出了具体的修正方法。

首先,技能型修正与身体惯性的调节。运动学习中,技能修正就是要实现动作学习的方法对练习过程的控制,纠正动作操作中的一些错误,或者是动作完成时身体产生的惯性。可以更形象地形容,当动作操作产生惯性时,运动技能修正会根据运动惯性产生的源头，对动作惯性进行抑制。虽然这种抑制作用在教学中不存在，但是，内隐学习机制中，对于动作惯性的关注是链式的。动作惯性一旦发生，受体就会向脑机制发出相应的信号，脑机制会迅速调动结构脑对错误动作进行纠偏。如果单纯是方法的纠偏，可能会造成动作的犯规。那么从内隐机制层面纠正错误动作以及控制身体惯性，一般来说主要依赖内隐机制的抑制力和控制感，其活动过程由内向转入到外向。内向型的动作纠偏存在技能属性，以技能的控制力为切入点，对运动的后续动作，从脑机制层面发出信号，而后多结构脑的决策信息也会迅速传感到肢体。很明显，这种语境下的技能修正与动作操作的关联性不强，但是仍有一定的关联。体育运动中对动作操作的技能型修正，以心理感知和动作补充性为运动结果提供纠正，而其他的运动则是以记忆形式改善当前的运动结果，并使这种记忆形成隐喻性，继而通过动作技能的超级记忆或者是爆发力来控制动作完成，尽管存在一定的补充性，但是也有较为明显的替代机制。比如在钢琴教学中，指法完成发生错误时，脑神经回路就以特殊的方式对传统的肌肉记忆进行干预，受到干预的肌肉记忆很快就能通过脑神经回路的信息调整动作，从而保证动作的正确完成。

其次，技能型修正对心理活动过程的协同。技能修正与心理活动虽然是平行结构，但是也不可避免会受到海马体的神经元干预，产生一定的技能型的纠正信号。脑身心的联结机制注定了运动技能修正对心理的依赖。尽管心理活跃过程不是技能型，而且以情绪控制和爆发力控制的手段去控制动作操作，但是内隐学习机制会产生的动作操作的全部信息，通过信息加工渠道的改良，会发现动作的错误或者惯性，以脑机制驱动心理从而形成动作完成的全新思维。动作思维在技能的影响下，对动作操作的控制感以心理活动、心理活跃和心理表征为主要的策略，这就不可回避地促使心理活跃过程对动作操作进行干预。当然，仅仅依靠心理干预是不够的，还要使心理干预机制和动作完成使用的机制形成相互协同，才能保证动作操作的优化。在做某个动作时，心理干预是紧随其后的，一旦有错误或者异质性的信号，心理干预就会马上对左半脑进行提醒。接收到心理干预的信号，肢体在技能影响下就会自觉地规避动作惯性。技能修正具有内隐性特征，尤其是识别心理控制和动作优化过程中的干预，在某种程度上要依靠传统认知的灵感，这就与内隐学习机制中的超级记忆形成了呼应。

再次，技能型修正对文化框架的修正。虽然，运动技能修正在动作技术形态下体现了运动技能控制力的作用,但是运动技能的文化影响始终影响着学习方法和练习方法。受到体育文化发展的影响,运动技能学习需求与文化框架形成了固定的模式,传统的运动技能受到文化影响,会关注运动过程的技术性,对运动学习的技术修正并不关注。鉴于两者之间的双向关系,技能修正在某种程度上与运动文化要实现对称。一方面,要善于构建相互之间的平行关系。由于文化影响的作用无处不在,在文化影响下,技能型修正不仅改变了运动过程的轨迹,也改变了多脑结构的参与形式。其中,文化脑、运动脑在双向关联的条件下,对技能修正的需求较为强烈。另一方面,运动学习中,技能修正对文化影响有一定矫正作用。文化本身的特殊属性决定了技能型修正不可能在运动技能学习中占据主导地位,由于考虑到运动学习和运动练习都是由人来完成的,每个自然人在社会生活中都或多或少受到文化的影响,运动文化、体育文化、经济文化和全民健身文化所塑造的文化影响机制在运动技能学习中,以稳定的形态为特征,构成了其独特的文化框架。然而文化框架下的运动技能学习机制则需要突出技能修正的作用,在改进方法的同时,更要善于创新方法,这就是文化框架的核心所在。

最后,技能型修正对运动管理的矫正。运动管理一般是指体育运动中针对项目的开展、实施和评价形成的管理系统。实现技能型修正对运动管理的影响要树立以技术方法为中心的管理目标。创新运动技能学习管理内涵要注意以下两个方面:一是构建中心机制,所谓的中心机制除了确立运动练习者的中心之外,要明确学习方法和运动方式的主体地位。在创新中心机制时,运动技能的突出表现包含了运动学习过程、目标和结构,也涵盖了运动管理的过程。受到这种管理系统创新的影响,技术修正承载的运动管理任务就是要实现运动技能学习的中心化目标,运动学习方法改善则驱动运动管理的方式方法的创新。二是运动管理多以行业内的垂直管理为主。一般来说,跳水运动的世界冠军会成为国家队的主教练,而后晋升为主要的管理者。当然也存在交叉管理的可能,但是交叉管理则要求管理者具有一定的行业经验,而管理的内容则由专业转向行业。因此,运动管理所需要的学习方式可能就会存在一定歧义,比如针对跳高运动的管理,仅仅是注重动作的操作,忽略了跳高运动过程中的心理、脑智力、心智力以及情绪控制等。因此专业化的运动管理应该具有兼容性,要善于发现运动技能优化的方法。

技能型修正与方法论有密切关联,但是也不能完全理解成方法论,毕竟技能型修正在某种意义上涵盖了运动学习、运动行为和运动评价的全过程,对运动全过程的管理才是运动技能修正的核心。运动管理涉及运动学习中的方方面面,学习方法和运动方法的区别在于运动技能学习跨学科、跨专业,而运动学习方法则更加注重专业性和职业性。

4.4.2 学习型修正与心理智力的变量演化

学习型修正不仅要注重方法改进,还应当注重学习过程中各个要素的变量。从数学模型构建的角度分析,学习型修正作为自变量,随时对学习方式和学习内容产生深度影响;而学习内容和学习方式作为中间变量,对学习型修正以及结果的影响并不是很强烈。相对而言,自由向量因素则是以心理智力和脑机制神经元为代表,其变量过程不断演化,可以促使运动技能学习的方法和运动方法达到最优效果。学习型修正在运动技能内隐学习机制中具有与传统模式对接、对心理智力赋能、创新学习过程和教促评价方式改变的作用。学习型修正虽然还是方法论的内容,但是其变量方式和演化都可能对运动技能学习产生积极的影响。

首先,学习型修正与心理智力的知识对接。学习方法修正本身就来自心理智力的驱动,运动技能学习能力与心智力的联系紧密,越是心理智力水平高的练习者,在领悟动作、使用学习方法和创新方面就越占有优势。由于心理智力是其他知识的隐喻载体,触类旁通的知识可以促使运动技能练习者在学习过程中,通过心理智力对其他学科知识的支配,较为客观地实现知识的汲取。不过我们也需要考虑心理智力在运动技能学习中的表现,如果只是规律地运动和学习,心理智力所承载的知识体系得不到有效刺激,运动技能练习者就不可能获得学习修正的通道。学习型修正作为自变量,将运动技能学习中的客观因素调节为可变量因素,通过学习机制的调节,以心理智力承载的其他知识形成中间变量,然后就可以通过正向调节的功能,促使学习型修正与心理智力的知识形成有效对接。内隐学习机制是个宽泛的概念,既存在适当的学习修正,也存在合理的思维修正,方法影响下的自由向量收敛至学习方式层面,改善了学习方法的同时,学习能力也对其他知识的汲取产生了正向关联的作用。

其次,学习型修正对心理智力的赋能。研究表明:运动可以增加脑细胞神经元的成长和体量,也能够促使脑神经在高速运转的同时表现出更直观的新效率。适当的运动技能学习方法,无论是对运动本身,还是对心理智力的发育都能产生驱动,所谓的驱动也就是我们可以观察到的赋能。运动技能学习的学习型修正依附于心理智力的驱动,在运动技能内隐学习机制中,对思维共振提供决策。但是,由于内隐学习机制的特殊性,学习型修正虽然不可能提升脑智力和心智力的工作效率,却可以增强心理智力的边际效应。显然在这种条件下,学习修正型对运动技能内隐学习机制产生的正向作用,以更稳定的心理智力发挥,产生的结果比传统的学习方式要明显很多。运动技能内隐学习机制中的学习型修正,其实还属于运动技能学习方法的修正。从更生态的角度观察,学习型修正适应之前我们提到的做与学,以更广的视角体现学习型修正对学习过程的优化。但是,学习过程优化的前提条件是学习型修正对心理智力实现了重构。一方面,学习型修正对心理智力的一般性表现会产生一种抗体,学习方法的突显性会刺激心理智力加速思考,并协同脑机制神经元做出预测和判断,而不是顺其自然地接受信息、传输信息。另一方面,学习型修正本身可以改变思考方式,将连贯的动作操作方法和思考方式以及辨识能力结合起来,增强心理智力的承受能力,即使在运动条件不当的情况下,也能完成动作操作。

再次,学习型修正对学习过程的创新。学习过程创新不仅要促使运动结果达到创新标准,还应当在学习的过程中,创新各种环境影响。特别是一些关系到场景和隐喻性的运动项目,学习修正能达到自我调节的水平。一方面,学习型修正较为科学地改善了学习过程。本来运动技能学习在传统的意义上就是巩固、持续模仿动作,在完成动作的同时,达到自动化水平。但是学习型修正在方式方法层面实现了革新,联结脑身心的学习机制使学习内容具有可视化和成像性。学习的目标更加明确,过程管理下的运动技能学习对每个环节、每个关键节点都实现了统筹,也实现了有效的支配。另一方面,学习过程创新还体现在对脑机制的锻炼,对心理智力的承受能力锻炼,对运动关联影响的韧性锻炼。尤其是在运动技能学习中,内隐特征的奖赏系统和投入系统都过度关注了调节作用。所以,学习型修正既是学习方法,也是学习工具的一部分。对于环境创新、过程创新和效果创新来说,它都是利大于弊。

最后,学习型修正对评价方式的敦促。学习方法和评价方式有其冲突的一方面,也有自身属性的一方面。运动内隐学习机制改善了运动学习的过程、内容、目标和关联因素的延伸,那么对其实施评价也需要从多元的层面分析和评估。评价方式的改进并不是由运动过程和运动学习的方法决定的,特别是运动技能学习评价在某种意义上与运动学习实践是剥离的。要改善评价方式，必须要让相关的评价人员对运动学习的过程有所了解，这样才能合理、科学地进行评价。评价方式与学习型修正的对象不同，评价方式是针对运动技能学习的结果进行检验，而学习型修正则是根据运动技能的学习过程进行检验。

运动技能内隐学习机制基本上满足了方法修正的需求，通过方法修正建立了学习过程、目标和评价的评价体系，并满足了运动技能内隐学习机制内涵发展的需求，驱动了体育运动学科对多元学科的影响，提升了学习能力和学习兴趣，将运动目标的兼得性拓展到了最基础的学习层面。

4.4.3 观念重构与文化适当性补充策略

运动技能内隐学习的机制构建，不光要从理论层面迁徙到实践层面，还要树立全新的运动理念、运动学习理念和运动管理理念。由于多元文化的影响，我国经历了体育运动初级发展时代、体育运动蓬勃发展时代、奥运时代、后奥运时代、全民健身体育运动时代以及全域文明下的个性化体育运动发展时代。在体育运动发展过程中，文化融合具有牵引作用，而且在个性化张扬和差异化凸显的多元社会结构下，体育运动文化和运动技能学习二元以上的结构相辅相成，创新了我国体育运动的潜在发展方式。运动技能内隐学习机制在很大程度上，扩大了学习机制的张力，将有效的运动学习目标和社会需求结合起来，促进了体育文化、体育竞技的纵向发展，加快了体育运动文化的时代更迭和横向发展。受到内隐学机制的影响，运动学习观念重构与体育文化的适应性已经成为运动技能学习的核心策略。但是考虑到内隐学习机制的学科局限性和客观发展规律的负向影响，全域文明体育运动学习视阈下，运动技能内隐学习机制必须发掘其内涵，重构观念，构建适应当前文化的运动技能内隐学习策略。

首先，运动技能学习与体育文化的补充。体育文化以宏观层面的特征——文化结构与运动技能学习从微观层面的特征对体育运动文化进行补充。一方面，运动技能学习以其特殊的文化属性进行了运动学习文化创新。文化创新语境下，运动技能内隐学习机制对脑身心的要求，涵盖了对其他学科文化的继承和发扬，将文化创新定义为运动过程的文化目标重构。具体到运动技能学习的方法创新，则是以文化驱动和文化影响力支配，针对运动学习的过程，依次针对各个分阶段的目标实现文化传导。另一方面，运动技能学习方法的观念构建。运动技能学习在某种程度上代表着体育运动文化发展的外在目标,而学习过程中对大脑、心理、思维和情感的锻炼则是内在目标。双元目标的背景下,运动技能学习的文化创新为运动技能学习的方法提供了宽泛的文化空间。

其次,运动技能学习对体育心理学的完善。尽管运动技能学习观念的重构在心理学层面没有直接的表征特点,但是运动技能内隐学习机制以心理感知和心理认知为支撑,既实现了体育心理学与运动实践的对接,也实现了运动技能学习和心理学科的自由连通。传统视角下的体育心理学注重心理认知和感知行为的和谐统一,并不能直接由心理驱动,促使运动思维转变。而运动技能内隐学习主张观念、方法、环境、文化以及思维的高度统一,这不仅彰显了体育心理学在运动技能学习中的主要功能,而且实现了体育心理学在学习中的牵引作用。创新视角下的体育心理学与运动技能内隐学习机制存在辩证关系,尤其是体育心理学更加注重运动过程中,心理与任何节点的联通。为了满足运动技能学习的需求,体育心理学在更微观的层面,将运动方法和心理活跃过程结合起来,借助隐喻性和场景设置,针对学习方法从文化修正、态度修正、思维修正转移到了方法修正,符合运动技能内隐机制学习从理论到实践的迁徙规律。体育心理学关注更多的是专业课程,对不同运动种类的运动项目采用的方式具有一定差异性。所以在方法修正层面,更应当注重细分,针对每个项目的心理活动过程,制定更完善的学习方法。

最后,运动技能学习对竞技文化的缓释性。运动技能内隐学习机制具有普遍意义的缓释性,尤其是对竞技体育,不仅体现了缓释作用,更表现出了一定抑制性。由于竞技体育的比赛规则对运动学习的内容、过程和目标要求都完全有别于常规的运动学习,因此,竞技体育在市场化环境下更加功利,更加注重结果,而忽略了过程。显然,内隐学习机制关注过程更多一些,特别是全民健身运动中,很多运动练习者采用的学习方式具有个性化特征,这就与竞技体育形成了冲突。由于竞技体育的参与者占运动技能练习者的比例较小,竞技体育的学习方法更偏向于专业性,需要适应赛事规则和要求。所以,我们可以认定竞技体育的学习方法是小众的。而建立在广泛参与基础上的大众运动技能学习方法,一方面针对竞技体育的专业性实现了消解;另一方面也针对运动技能学习的泛化,促使运动技能学习的观念由表入里,逐渐替代了传统的竞技体育学习方法,从而创新竞技文化。

5 结论与展望

5.1 主要结论

本书针对运动技能内隐学习机制又从行为、制度和目标方面做了相应的展望，促使研究更加完善，并适用于运动技能内隐学习机制在全域文明背景下的体育运动学习方式创新，全面构建运动技能内隐学习模式。本书研究得出了以下几个方面的主要结论。

5.1.1 运动技能学习机制的多元结构创新

本书立足运动技能内隐学习机制视角开展研究，提出了内隐学习机制从理论到实践层面的转化，由运动技能学习的多要素迁徙发展到学习机制的自性构建，更为广泛地参照了传统运动技能学习方法，其现实价值和行业意义非常显著。本书在学习机制层面提出的创新，其视角多元化，具有以下特征。

第一，运动技能学习内化。外显学习转向内隐学习，这一过程变化标志着运动技能学习在结构上的创新。一方面，更加关注运动技能学习的习得性，以习得行为为基础，扩展了学习方法的核心能力培养。内隐目标和内隐机制中的奖赏系统和再投入理论贯穿到运动技能学习中，有利于运动学习内化。另一方面，在以多元学习为核心的系统内，实现共振支撑。体育运动技能学习不仅要立足体育运动的需求，而且要从脑科学、神经学、心理学、运动学、场域等方面入手，改善学习涉及的一切条件。创新条件过程中，将运动技能内隐学习机制以生态化的方式嵌入学习结构中，促使运动技能学习效能得到保证。

第二，学习机制黏性较强。本书的研究对学习机制构建和完善做了阐述，对于运动技能学习，尤其是体育运动技能学习，论述较多，参照的对象也较为广泛。此外，从内隐学习机制与其他学习机制方面考察，针对运动技能内隐学习做了深入探究，对其他学科的学习能力构建和学习方法创新也进行了论证。由于学科之间的差异，学习机制黏性凸显了关联性和紧密性，就丰富的学习理论和学习能力培养开展了针对性的论述。考虑到运动技能学习受到文化、市场、竞技体育、政策等方面的影响，独立的学习机制构建以持续发展的目标理念对学习结构和学习模式进行了融合，深度考量了运动技能学习机制的比较模式，凸显内隐学习机制的优势和让渡价值，并针对产出机制和绩效管理机制对运动技能学习进行了矫正。

第三，注重学习能力培养。任何学习方式都需要学习者具备一定的学习能力，而体育方面的运动技能，在传统的认知中需要一定的学习基础。如果按照内隐学习机制的发展逻辑而言，运动技能学习的条件每个人都具备，学习条件的优化不是从身体本身去考虑，而是应当考虑学习者的脑身心结构。内隐学习机制颠覆了学习能力的传统认知，也直接将学习能力定义为个体的最优化能力，而不需要考虑先天条件对运动技能学习的支持，毕竟每个人都有肢体和脑机制神经元。

第四，拓宽学习模式视野。学习模式分为两个象限，一种是肢体学习，比如人类进化中的直立行走。尽管我们蹒跚学步时并没有遇到太多的困难，但是每个人走路的时间和走路的效率都不同，这就决定了个体的学习模式是否宽泛并不是先天决定的。另一种是知识学习，也就是我们日常的书本学习。这种学习能锻炼人的思维和脑智力以及心智力。先天条件虽然是这种学习模式的决定因素，但是后天改造也很关键。而运动技能内隐学习机制则是将两种学习模式结合，形成一体化的框架，从而有效拓宽了学习模式的视野。

5.1.2　神经系统改善运动技能学习目标

神经系统和学习目标的关联性其实很强，随着内隐学习机制的不断完善和日益普及，运动技能学习机制构建中，将神经系统应用到学习中已经成为一种引领学习能力培养的发展趋势。神经系统不仅运用到了日常学习中，人工智能、大数据、物联网等新的信息工具也将神经系统的再造作为研究的主题。由于人脑神经非常神秘，有待科学开发的领域还很多，本书就运动技能学习与脑神经的关联做了简单的分析和阐述，对脑神经元的探索仅仅是浅尝辄止，但是我们终将面对神经系统作用于运动技能学习目标的现实问题。本书研究认为：神经系统对运动技能学习目标具有显著的改善作用。

第一，脑机制神经元对运动技能学习目标实现创造性赋能。脑机制神经元在运动过程中，始终保持着超强的工作状态。针对运动技能学习目标，脑机制神经元首先改变了学习目标的记忆通路，将传统的工作记忆和目标记忆进行比较后，实现了学习目标的甄别和优选。一般来说，运动技能学习目标以身体条件和运动动机为基础设定，运动技能内隐学习机制充分考虑了运动中，结构脑对运动过程的控制和管理。通过脑机制神经元的高速运转，以创造性思维对工作记忆进行改造，从而实现了大脑对运动学习的赋能。此外，运动技能内隐学习机制以脑神经的创新力为定向标准，对运动技能学习目标实施定向管理，从而明确了目标的兼得性和习得性。

第二，思维脑创新学习目标的记忆模式。运动记忆以外显型学习方式形成，特别是一些传统的运动项目中，肌肉记忆对技能学习有显著影响。运动技能内隐学习则能改善记忆方式，在学习目标实现的过程中，在脑机制神经元驱动下的思维共振与工作记忆形成新的学习目标，替代了传统的肌肉记忆，并快速形成具有思维辨识能力的超级记忆，最后再以工作记忆的方式出现在运动技能学习中。思维活动过程更像是大脑运动过程，在大脑运动机理支配下，脑神经元增加了新生细胞，新增脑细胞能够创新工作，不仅可以对学习目标再造，而且可以改善传统的记忆方式，促使运动技能学习中的记忆模式更加合理。

第三，文化脑对学习目标的多元整合。文化脑在运动学习中比较隐蔽，但是作用却更加明显。运动技能学习目标分布在不同节点，将其贯穿起来的不是身体脑，而是文化意识。通过文化影响机制，有效地将运动技能学习中的多种思维，以集体共振的方式向学习目标实施支配。文化脑虽然不会增强记忆功能，但是它可以影响脑机制在运动学习目标的设定过程中，将思维影响和文化环境变成有利于个性化的学习目标实现。此外，文化脑在学习目标实现过程中，以文化引领和文化驱动的作用力，凸显了脑机制的思维共振作用，提升了文化影响内涵，并对目标进行系统化的管理。文化脑的多元整合作用,改变了运动目标的实现路径,也改变了运动学习的目标,从而对整个过程实现了机制优化。

5.1.3 内隐学习改善多脑结构

运动技能内隐学习与脑结构存在互动关系,相互驱动、相互支配,并在学习的过程中优化了大脑的思维能力和运行质量。相对而言,身体在运动时,人脑也在运动,运动的大脑不仅刺激新生细胞迅速地融合到脑机制的运行序列中,还能改善突显性的作用,消解突显性的强烈刺激,并促使多脑结构参与运动,形成运动技能学习的创造性。

内隐学习机制对多脑结构的改善可以总结为以下几个方面。

第一,增强多脑结构的运行效率。多脑结构分布在脑机制中并不具有直接指挥作用和决策作用。只有通过脑神经中枢的调动,多脑结构才能参与学习决策。运动技能内隐学习机制通过改善信息传输通道,强化突显性认知和梳理整合信息通路,在学习中注重多脑结构的参与。一方面经由左右半脑的融合,将多脑结构调节到一个适当的维度,并对其实现协同管理。多脑管理受到信息加工机制的影响,分别对所司职责进行判断。根据判断结果,左右半脑融合的脑机制神经元在运动学习中促使多脑结构加快运行,运行效率的提高必然提升了运动学习产出机制。另一方面,多脑结构之间的协同更好地对突显性进行处理。同时,更能以多脑结构的思维辨识能力,针对运动学习的过程,对可能发生的一些风险进行干预,从而保障了运动技能内隐学习的效果。

第二,改善多脑结构的调节作用。传统的运动技能学习方法,仅仅是将脑结构作为辅助工具,运动技能学习本身建立在肢体动作操作的基础上,多脑结构没有得到开发和利用。内隐学习机制则强化了脑结构的作用,将思维脑、文化脑、艺术脑、运动脑等多结构脑形成链条式管理框架,对身体脑实施支配,从而决定了运动技能学习的质量。多脑结构的调节作用在学习过程中得到了重视,有效采纳多脑结构的辅助意见,促使动作操作快速达到自动化的水平。

第三,改善多脑结构的协作。多脑结构以散点形式分布在脑机制,相互之间并没有纽带连接,运动技能内隐学习调动了多脑结构参与,但是它们之间的协作效果比较差。内隐学习机制从心理认知到感知行为,由一般的脑结构协同到脑结构的思维共振,相互之间的协作模式在运动技能内隐学习机制中会得到良好发挥。共振频率越高的运动技能学习,多脑结构的协作效果就会得到更多的锻炼,协作效果也越发显著。

运动技能内隐学习机制并不是一个新鲜的概念。在运动学界,内隐学习被沿用了较长时间,效果也得到了肯定。只不过偏重于理论层面的学习方式阐述,并没有形成良好的脚本效果。所以,只有更广泛地应用到实践,内隐学习机制才能实现其在运动技能学习中的持续发展和循环发展。本书的研究立足运动技能内隐学习机制研究,仅仅做了一些粗浅的探索,更多的研究则需要通过课程设置、教学改革和环境改善来触发。当某天运动技能内隐学习机制能在全民健身运动中得以广泛推广,就证明了它的魅力,也佐证了运动技能学习的科学发展方向,这正是我们期待的。

5.2 展 望

本书研究的取得了一些成效,对运动技能内隐学习机制定位、发展环境,实践探索都做了较好的探究。但是,本书研究还有很多不足,不过,我们对未来的研究充满信心。为此,提出以下几点展望,希望可以及早在研究中填补空白。

5.2.1 行为层面的局限

虽然全民健身运动发展得如火如荼,但是要想真正运用合理的方法,构建比较有优势的学习方式,行为层面的制约和局限必须得到足够重视。尤其是全域文明视阈下运动技能学习个性化发展时代,影响运动技能学习行为的因素比较多,局限也较多。有必要对这些制约因素进行破解,才能正确地运用运动技能内隐学习方法。

第一,专业化行为局限。运动技能学习有较强的专业化色彩,专业化语境下的运动技能学习行为,虽然具有开放性,但是开放性不足导致学习行为的持续发展能力不强。由于内隐学习机制牵涉比较多的学科,对于各学科的知识供给,在运动学习中,并没有良好的储备。特别是脑科学背景下的运动技能学习,关系神经学、生物学、疾病学、心理学、运动学等诸多学科的建设,不具有专业知识则会影响运动技能内隐学习方法的实施,也不利于构建机制。所以,要积极从教学层面做好完善,根据需求配置资源,根据目标完善机制，根据学习环境需求创设环境，这些专业化的行为所发挥的效能才会更具有检验功能。

第二，职业化行为选择局限。从职业角度观察，运动技能练习者以职业人居多。职业层面的运动技能学习，对内隐学习机制尽管足够重视，但是职业运动员主要是为了适应竞技体育的需要，学习本身与比赛规则、相应目标以及个体的职业能力有关。因此，出于职业角度考察，运动员的运动技能学习方式不一定会全方位使用内隐学习的方法。由于职业人员对内隐学习机制有一定的排他性，专业化的运动项目选择内隐学习机制就受到了局限。

第三，个性化行为难以驱动运动技能内隐学习机制的建设。全民健身运动风潮下，个性化的学习方式越来越多，个性化的学习目标也是五花八门。基于不同人群的需求层次差异，个性化的学习方式对运动技能内隐学习机制造成了需求层面的弱势。特别是运动技能学习本身对专业、职业和环境的要求较高，一般运动练习人群不具有这些刚性条件。

第四，市场化行为的制约。竞技体育催生了体育运动的市场化，市场化下的运动技能学习，以如何快速产生效益如何符合评价绩效为标准。内隐学习方式虽然科学，但是周期较长、见效慢，这成为运动技能内隐学习机制不被市场所接受的重要原因之一。

5.2.2 制度层面的局限

良好的机制需要制度作为保障，运动技能内隐学习机制之所以从理论迁徙到实践，一个关键的考量因素是当前体育运动管理中，制度执行效果较好。但是在制度建设和执行中，依旧存在一些弊端，造成了制度层面对运动技能内隐学习机制的局限。

第一，制度创新不足。长期以来，运动技能学习的制度保障以高校教学纲要和各地方政府的管理办法为导向。一些地方的相关制度自制定以来就没有变更过，甚至一些高校的课程也很少有内隐学习机制的相关内容。造成这种局面的原因在于，制度具有一定缓释性，特别是一些体育欠发达地区，运动技能学习相关制度长期不更新，应对能力不足与管理不力，很大程度上影响了运动技能学习机制的创新。

第二，制度管理不能常态化。运动技能内隐学习机制在制度层面尽管具备一定的延续力，但是制度管理缺乏规范化和系统化，针对存在问题不能够及时做出解释和解决，对一些长期以来影响运动技能学习方法创新的关键要素认识不足。制度管理缺失规范仅仅是运动技能学习的外在表现，具体到运动技能内隐学习机制，制度管理几乎成了摆设。制度僵化、失灵都不能对日常的学习产生效应，这就导致学习环境更加复杂，从而形成了一定规模的制度断层。

第三，制度管理适应性的局限。运动技能学习管理制度需要包含制度建设、制度完善、制度创新。只有这样才能适应当前体育运动发展的创优环境，也只有这样才能达到运动技能学习的制度创新标准。尤其是运动技能内隐学习机制在某种程度上，具有较强的适应性，针对各种人群和各种专业设定的运动目标和学习方式都是行之有效的。但是，在政策、技术、宏观和微观层面的影响上看，制度不完善，制度僵化、失灵以及制度与发展不匹配都造成了制度层面对运动技能内隐学习机制构建的制约。

5.2.3 目标层面的局限

目标层面对运动技能内隐学习机制构建的局限是比较多样的，包含了受众目标、中介目标、专业目标、构建目标、能力目标以及政策目标等。

第一，受众目标。运动技能内隐学习机制的受众是什么样的群体，应当如何在差异化的人群中选择适当的策略，这不仅关系运动技能内隐学习机制建设的前景，也关系到运动技能内隐学习机制是否具备良好的持续发展能力和核心竞争力。受众目标的设定，要根据市场、专业、职业和行业领域的需求范性，建立强势的目标机制，形成合理的精准推广渠道，针对专业化的人群要开展定向推介，对适应于内隐学习机制的团体和个人要确保目标的开放性，鼓励更多运动练习者参与其中。

第二，中介目标。缺乏第三方介入，运动技能内隐学习机制则是只从专业化的层面推行，尽管具有一定成效，但是专业化和职业化的局限，导致运动技能内隐学习机制在某种程度上不能满足社会需要。由于运动技能内隐学习机制没有有效的专业化目标，不具有良好发展的中介组织，所以运动及能内隐学习机制单打独斗，游离于高校、专业机构、个体练习者之外。尽管该模式得到了业界的广泛认可，但是其局限属性影响了嵌入社会化体育中的机会，也导致运动技能内隐学习机制的发展出现了真空。

第三，专业目标。运动技能内隐学习机制要走向什么样的局面，要设定怎么样的绩效标准，这应当是每个运动技能内隐学习机制研究者应当思考的问题。专业目标层面，则需要考虑运动技能内隐学习机制如何将专业化转变为群众化,如何将职业化的理论转变为大众老少皆宜的运动经济的消费品,将以内隐机制为符号的标志性的运动产品转变为市场化的目标。这一过程极其艰难,有一定的挑战性。

第四,构建目标。全方位构建不是仅仅形成制度,或者形成一定规模的学习机构,而是要将学习方式创新作为适应于各学科之间的方法,要形成构建标准和相应的评价指标,还应当对运动技能内隐学习观念进行审视,从而推动运动技能内隐学习的全要素构建。另外,要从行业领域内构建战略目标,不仅要促使运动技能内隐学习机制具有能动性,还要善于发掘市场性,将资源配置后的内隐学习机制演变为全域文明视阈下全民运动的价值输出机制。

第五,能力目标。培养运动技能内隐学习机制的核心能力,一方面要通过核心要素,形成基本的构建框架,加强运动技能学习管理,强化运动技能学习的过程管理和目标管理,解决运动技能内隐学习机制构建中核心能力培育的问题。同时要关注核心能力下的资源配置和人才队伍建设,要善于发现和培养人才,真正实现走出去请进来,与高校开展深度的产教融合,为创新能力目标提供科学的人才给养。另一方面要培育市场能力,不仅要广泛设立专业的运营机构,还应当提升运动机构的盈利水平和运营规模,从市场化和产业化的层面破解运动技能内隐学习机制的市场泛化约束。

第六,政策目标。产业政策和教学政策激励下的运动技能内隐学习机制建设应当以循环发展和持续发展为标准,制定相应的发展政策。通过政策刺激,加快学习机制构建的进程,既要大胆创新,也要积极地匹配资源,从环境生态、制度和谐、管理科学和政策保障等多个方面创新激励政策,促进运动技能内隐学习机制的和谐发展。产业政策则要鼓励更多的从业者和机构,以心理疏导和业务辅助为手段,广泛开展业务,将运动技能内隐学习机制建设成为一种全民化、动态化、常规化和全面化的运动技能学习手段,以政策激励和政策传感为基础手段,创优其产业环境。

参考文献

中文：

艾克纳恩·戈德堡. 创新大脑[M]. 杨琼，译. 北京:中信出版社,2019.

樊琪. 科学探究技能的内隐与外显学习的比较研究[J]. 心理科学，2005，28(6)：1375-1378.

樊琪. 自然科学概念形成过程中外显与内隐学习的比较[J]. 心理科学，2001，24(6)：676-679.

范文杰. 内隐记忆和内隐学习研究对体育教学的启示[J]. 广州体育学院学报，2001，21(3)：36-38.

付秋芳，傅小兰. 内隐学习中表征与意识的关系[J]. 心理科学进展，2006，14(1)：18-22.

郭秀艳. 内隐学习[M]. 上海：华东师范大学出版社，2003.

葛操，白学军，沈德立. 注意负荷对内隐序列学习的影响研究[J]. 心理科学,2007，30(5)：1029-1032.

郭秀艳，杨治良. 内隐学习与外显学习的相互关系[J]. 心理学报，2002，34(4)：351-356.

郭秀艳，杨治良，周颖. 意识—无意识成分贡献的权衡现象——非文字再认条件下[J]. 心理学报，2003，35(4)：441-446.

胡桂英，许百华. 内隐习得运动技能的抗应激性实验研究[J]. 体育科学，2009，29(6)：57-61.

胡桂英,许百华,许琦. 青少年篮球运动员"Choking"心理机制的实验研究[J]. 心理科学，2008，31(3)：528-531.

胡桂英，王进，许百华. 优秀运动员 Choking 现象的个案研究[J]. 中国体育科技，2006，42(4)：139-143.

任杰，章建成. 运动技能获得中的内隐学习研究进展[J]. 体育科学. 2000，20(4)：75-77.

任杰，章建成，杨烨，等. 运动技能的内隐学习与分心练习——对应激的抵御[J]. 体育科学，2001，21(3)：71-74.

任杰，章建成，金亚虹，等. 内隐运动技能学习中的注意需求研究[J]. 心理科学，2001，24(4)：501-503.

沈德立，白学军. 高效率学习的心理机制研究[J]. 心理科学，2006，29(1)：2-9.

唐菁华，郭秀艳，秘晓冉. 内隐学习研究的新趋向——真实材料的实验室研究[J]. 心理发展与教育，2007，1：124-127.

王进. 压力下的"Choking"：运动竞赛中努力的反常现象及相关因素[J]. 体育科学，2005，25(3)：85-94.

王进. 解读"反胜为败"的现象：一个"Choking"过程理论[J]. 心理学报，2004，36(5)：621-629.

杨治良. 学习和记忆的无意识研究[J]. 心理科学进展，2006，14(6)：801-803.

虞旻泓，刘爱伦. 内隐学习在第二语言语音学习中的作用[J]. 心理科学，2006，29(3)：631-634.

温蒂·铃木，比利·菲茨帕特里克. 锻炼改造大脑[M]. 黄珏苹，译. 杭州：浙江人民出版社，2017.

约翰·瑞迪，埃里克·哈格曼. 运动改造大脑[M]. 浦溶，译. 杭州：浙江人民出版社，2013.

英文：

Anderson J R. The architecture of cognition [M]. Cambridge, MA: Harvard University Press, 1983.

Baddeley A D. Working memory [M]. New York: Oxford University Press, 1986.

Beilock S L, Gray R. Why do athletes choke under pressure? [M]// Tenenbaum G, Eklund R C. Handbook of sport psychology.

Hoboken, NJ: John Wiley & Sons, 2007: 425-444.

Cheesman J, Merikle P M, Priming with and without awareness [J]. Perception and Psychophysics, 1984, 36:387-395.

Davids K, Button C, Bennett S. Dynamics of skill acquisition: a constraints-led approach [M]. Champaign, IL: Human Kinetics, 2008.

Fernandez-Duque D, Thornton I M. Change detection without awareness: Do explicit reports underestimate the representation of change in the visual system? [J]. Visual Cognition, 2000,7: 323-344.

Huffman J L, Horslen B C, Carpenter M G, et al. Does increased postural threat lead to more conscious control of posture? [J]. Gait & Posture, 2009, 30: 528-532.

Jackson R C, Ashford K J, Norsworthy G. Attentional focus, dispositional reinvestment, and skilled motor performance under pressure [J]. Journal of Sport and Exercise Psychology, 2006, 28: 49-68.

Mack A, Rock I. Inattentional blindness [M]. Cambridge, MA: MIT Press, 1998.

MacMahon K M A, Masters R S W. The effects of secondary tasks on implicit motor skill performance[J]. International Journal of Sport Psychology, 2002, 33: 307-324.

Masters R S W. Knowledge, knerves and know-how: the role of explicit versus implicit knowledge in the breakdown of a complex motor skill under pressure [J]. British Journal of Psychology, 1992, 83: 343-358.

Masters R S W. Theoretical aspects of implicit learning in sports [J]. International Journal of Sport Psychology, 2000, 31: 530-541.

Masters R S W. Skill learning the implicit way-say no more! [M]// Farrow D, Baker J, MacMahon C. Developing sport expertise: researchers and coaches put theory into practice. London: Routledge, 2008: 89-103.

Masters R S W, Maxwell J P. Implicit motor learning, reinvestment and movement disruption: What you don't know won't hurt you? [M]// Williams A M, Hodges N J. Skill acquisition in sport: research, theory and practice. London: Routledge, 2004: 207-228.

Masters R S W, Maxwell J P. The theory of reinvestment [J]. International Review of Sport and Exercise Psychology, 2008, 1: 160-183.

Masters R S W, Maxwell J P, Eves F F. Marginally perceptible outcome feedback, motor learning and implicit processes [J]. Consciousness and Cognition, 2009, 18: 639-645.

Masters R S W, Poolton J M, Maxwell J P. Stable implicit motor processes despite aerobic locomotor fatigue [J]. Consciousness and Cognition, 2008a, 17: 335-338.

Masters R S W, Poolton J M, Maxwell J P, et al. Implicit motor learning and complex decision making in time constrained environments [J]. Journal of Motor Behavior, 2008b, 40: 71-79.

Maxwell J P, Masters R S W, Eves F F. The role of working memory in motor learning and performance [J]. Consciousness and Cognition, 2003, 12: 376-402.

Maxwell J P, Masters R S W, Poolton J M. Performance breakdown in sport: the roles of reinvestment and verbal knowledge [J]. Research Quarterly for Sport and Exercise, 2006,77: 271-276.

Mulckhuyse M, Theeuwes J. Unconscious attentional orienting to exogenous cues: a review of the literature [J]. Acta Psychologica, 2010,134: 299-309.

Pew R W. Levels of analysis in motor control [J]. Brain research,1974, 71: 393-400.

Schmidt R A, Wrisberg C A. Motor learning and performance [M]. 2nd ed. Champaign, IL: Human Kinetics, 2000.

Williams A M, Davids K, Williams J G. Visual perception and action in sport [M]. London: E & FN Spon, 1999.

Wulf G. Attentional Focus and Motor Learning: A review of 10 years of research [J]. E-Journal Bewegung und Training, 2007, 1: 4-14.

Zhu F F, Poolton J M, Wilson M R, et al. Neural co-activation as a yardstick of implicit motor learning and the propensity for conscious control of movement [J]. Biological Psychology, 2011, 87: 66-73.

后　记

这本书顺利完稿，我再次经历了人生中的又一个第一次，和当初为人妻母一样，满目憧憬，无比兴奋，又心怀忐忑，战战兢兢。撰写书稿的过程虽辛苦波折，但回味起来尽是美好，心里除了涌动着温暖，剩下的就全是感恩了。

在古代，著书立传是集大成者的专利，也是对一个人的学识、阅历、经验和技能的肯定。夜深人静的时候，情不自禁地拿出这本“未出阁”的书稿，一次次地翻看时，内心波澜不止。这本书从谋划到撰写，再到交付出版，经历了很多曲折，尤其是深夜时分，经常一个逗号落笔下去就再也没有了思路。往前看似乎条理通顺，也没有什么毛病，但是再接着写就犯愁了。多少个浓茶咖啡的夜晚，多少个鱼肚白，多少段隔窗与钱塘江水的对话……算得上一次次对灵魂的拷问吧。

大概写作最痛苦的过程就是中断以后再接续。无力接续让我一度怀疑人生，难道自己江郎才尽了？难道一晚上就连短短几百字也写不出来了？反反复复多少次合上电脑，临窗远眺，以解焦虑的心绪。但是再打开电脑时，脑子里依旧是一片空白。总算在不断反复纠结中，我写完了这本书。当敲下最后一个字，画上最后一个句号时，我长舒了一口气。无论好坏，这个过程都算是对自己人生一个阶段的总结和回顾吧。

有人说，写作是灵魂对话；也有人说，写作是自我的升华。书稿完成时，自己似乎尚未体会到多少升华，倒是体重锐减不少，不由得安慰自己这也算是一种成果吧！如今书稿即将出版，心里的石头终于落地了。在这里我要感谢许多人，感谢我的导师王进教授，他无私的帮助、一再的鼓励和写作思路上的提点帮助，让我几次有如神助，走出了困扰，战胜了困难；感谢我的同事和领导，他们除了给予我精神上的鼓舞，还在工作上对我格外照顾，他们的帮助让我重拾信心，终于完成了书稿写作；感谢我的先生，他一如既往的关爱，不仅让我安心学术，而且也给了我精神上最大的支持；最后要感谢我的父母，是你们的爱，让我时刻被美好和幸福环抱，心无旁骛，勇往直前。

感谢所有人，你们的期望就是我的动力，你们的关注就是我久久不能放弃的源泉，谢谢你们！

高乃春

2021 年 8 月